Über dieses Buch Der 1934 im Alter von 68 Jahren gestorbene Georg Groddeck verstand sich selbst als einen »wilden Analytiker«, der zur geheimen Freude seines Gönners Sigmund Freud die von Orthodoxie bedrohte Analytiker-Zunft mit seinen Vorträgen in Angst und Schrecken versetzte. Groddeck, charismatischer Redner und brillanter Sprachschöpfer, gilt als »Vater« der Psychosomatik, der Lehre von den Zusammenhängen zwischen Körper und Psyche. Diesen vor allem von Symbolen vermittelten Zusammenhängen hat Groddeck zeit seines Lebens mit großem Gespür für Sprachbilder nachgeforscht. Ein Ergebnis dieses Interesses an enthüllenden Wortbedeutungen und -verbindungen und an erotischen Symbolen in der Kunst ist das vorliegende Buch, das zum erstenmal 1933 im Internationalen Psychoanalytischen Verlag zu Wien erschienen ist und die Leser sogleich durch überquellenden Phantasiereichtum und Assoziationsfülle beeindruckte. Es hat auch für heutige Leser nichts von seiner Faszination eingebüßt.

Der Autor Georg Groddeck (1866–1934), Arzt und begnadeter Vortragsredner, stieß bereits früh zu dem Kreis um den Psychoanalyse-Begründer Sigmund Freud. Der als »wilder Analytiker« und »Vater der Psychosomatik« bezeichnete Autor lebte und arbeitete lange Jahre in Baden-Baden, wo er auch eine eigene Klinik führte.

Georg Groddeck

Der Mensch als Symbol

Unmaßgebliche Meinungen über Kunst und Sprache

Fischer Taschenbuch Verlag

Ungekürzte Ausgabe
Veröffentlicht im Fischer Taschenbuch Verlag GmbH,
Frankfurt am Main, November 1989
Lizenzausgabe mit freundlicher Genehmigung des
Limes Verlages, Wiesbaden

Umschlaggestaltung: Buchholz/Hinsch/Hensinger
Satz: Friedrich Pustet, Regensburg
Druck und Bindung: Clausen & Bosse, Leck
Printed in Germany
ISBN 3-596-24620-2

1

In den zehn Jahren, die seit meinen letzten Mitteilungen über die Arbeitshypothese vom Es des Menschen verstrichen sind, hat sich nichts ereignet, was mich veranlassen könnte, diese vielfach erprobte Betrachtungsart aufzugeben oder etwas Wesentliches daran zu ändern.

Die Behauptung, daß alles Menschliche von diesem in unaufklärbares Geheimnis gehüllten Wesen abhängig ist, halte ich aufrecht, und ebenso bleibe ich dabei, daß niemand in die Tiefen des Es hineinschauen kann.

Dagegen kann ich einiges von jenen Formen des Es erzählen, die bisher wenig besprochen worden sind. Ich halte es auch für notwendig zu betonen, daß eine dieser Formen das Ich ist. Wie ich mir das denke, habe ich in dem „Buch vom Es“ soweit mitgeteilt, als ich es konnte.

Eine andere Form des Es, die mir zugänglicher ist, möchte ich als das Zwiefache des Es bezeichnen: Alles Menschliche läßt sich als zugleich männlich-weiblich und kindlich-mannbar betrachten.

Etwas Weiteres ist die Erfahrung, daß das Es sich ebenso selbständig und ebenso gegenseitig abhängig in dem Leben des Gesamtmenschen wie in den Teilen dieses lebenden Menschen offenbart, oder um es anders auszudrücken: Es hat den Anschein, als ob zwischen dem Ganzen des Menschen und der Zelle oder noch kleineren Wesen, dem Gewebe, dem einzelnen Organ oder Körperteil ein ähnliches Verhältnis bestände, wie es in den Begriffen Makrokosmos und Mikrokosmos in früheren Zeiten für das All und den Teil angenommen wurde.

Schließlich ist das Symbolische, das alle menschlichen Lebensbeziehungen begleitet, Form des Es.

Zu dem Versuch, diese Formen des Es zu betrachten, hat mich, abgesehen von dem Zwang des Tageslebens und des Berufs, eine etwas einseitige und eigensinnige Beschäftigung mit Werken der bildenden Kunst und mit der Sprache geführt.

Daß in jedem einzelnen Menschen Männlich-weiblich und Kindlich-mannbar enthalten ist, kann ohne weiteres daraus geschlossen werden, daß der Mensch aus Mann und Weib entsteht, und daß, soweit wir das bisher haben nachweisen können, wohl eine Mischung, aber nicht eine gegenseitige Auflösung dieser Bestandteile stattfindet. Daß er, so erwachsen er sein mag, in allen grundlegenden Lebensfunktionen, in Sterben und Entstehen der Zellen, in Atmen, Schlafen, Sichregen, Sichnähren usw. kindlich bleibt, ist gleichfalls sinnfällig. Von dem Symbol wird im folgenden so viel gesprochen werden, daß ich fast selbst annehmen könnte, meine Bemühungen in diesem Aufsatz gälten nur der Schilderung dieser Esform.

Die Tatsache, daß der Mensch männlich-weiblich und kindlich-mannbar ist und daß er im Symbol lebt, können wir benutzen wie ein farbiges Glas, um das Menschenleben zu betrachten. Freilich bringt uns eine solche Betrachtung der Wahrheit ebensowenig nahe wie das Sehen durch ein rotes oder gelbes Glas, im Gegenteil, wir wissen bei solchem Versuch von vornherein, daß wir durch Benutzen der farbigen Glasscherbe der Welt falsche Farben geben, und so ist es dem Verfasser dieser Mitteilungen auch bekannt, daß er mit seinem Verfahren die Buntheit der Welt eintönig färbt. Es ist aber nicht bloß mutwillige Spielerei, so an menschliche Probleme heranzugehen, sondern dies Verfahren scheint so weit zurückzureichen wie die Überlieferung menschlicher Vergangenheit.

Die erste Folge der Weltbetrachtung durch solches Medium ist Mißtrauen gegen die Realität. Vermutlich gibt es Reales; aber wir kommen niemals in Berührung damit. Unser Es ändert das unbekannte X des Realen, es wirkt auf die Dinge und macht aus dem Realen Wirkliches. Werk und Sache sind nicht dasselbe. Das Menschliche arbeitet nicht mit einem „Realitätsprinzip", sondern mit dem Wirklichkeitsprinzip. Wenn man das in Betracht zieht, verschwindet der Gegensatz von Ich und Es, es entsteht eine Menschwelt, in der das Ich nur eine Funktion des Es ist. Diese wirkliche Welt des Menschen zerfällt bei dem Versuch, Reales zu begreifen.

Wir werden von dem verdrängenden Wirken des Menschlichen und unsrer vermenschlichten Umwelt (Erziehung usw.) in das Phantasieren über das Reale hineingezwungen. Zunächst haben wir nicht mit Dingen zu tun, sondern mit Symbolen. Man hat sich bisher wenig darum gekümmert, wie der Neugeborene die Umwelt kennenlernt, was er von ihr denkt. Wenn ich mir überlege, was ich im Mutterleib erfahren haben mag, komme ich zu dem Schluß, daß ich damals alles, was zu meiner Welt gehörte, für Bestandteil meines eigenen Selbst gehalten habe: Selbst und Umwelt des Selbst waren dasselbe. Vielleicht wird diese symbolische Denkart durch die Geburt ein wenig umgeändert; nach dem Verhalten der Säuglinge in ihrer ersten Lebenszeit muß ich aber annehmen, daß das Kind in der Hauptlernzeit des Lebens, in den ersten Stunden, Tagen und Wochen im wesentlichen noch symbolisch denkt: ein Löffel ist für das Kind nicht ein Löffel, sondern eine Hand, eine Tür nicht eine Tür, sondern ein Mund, ein Bett nicht ein Bett, sondern ein Mutterschoß usw.

Von diesen ersten Vorstellungen, die in primitiven Kulturen wenig verändert beibehalten werden, kommen unser Bewußtes und Unbewußtes nie ganz los: bis an das Lebensende bleibt menschliche Erkenntnis dem Symbol verfallen. Mögen wir noch so gelehrt sein, es hilft uns nichts: ein Fenster bleibt für uns Auge, eine Höhle Mutter, ein Pfahl Vater.

Auch den Menschen und seine Teile betrachten wir symbolisch, wie wir es als Kinder taten. Wir wußten einmal aus Erfahrung, daß der Kopf in sich zugleich Ganzes und Teil ist, selbständig und abhängig, daß der Mensch Symbol des Kopfes und der Kopf Symbol des Menschen ist. Symbol bezeichnet nicht die Ähnlichkeit zweier Dinge, sondern im Symbol werden zwei Dinge zusammengeworfen, sie sind dasselbe. Weil wir symbolisch denken und empfinden, kurz in jeder Beziehung an das Symbol als an etwas zum Menschlichen Gehöriges gebunden sind, ist es möglich, alles Menschenleben symbolisch zu betrachten.

Daß der Mensch zwiegeschlechtig ist, nie Mann, nie Weib, sondern immer Weibmann, Mannweib, daß er nie Kind, nie Erwachsener ist, sondern immer Kindmann, Mannkind, haben alle Zeiten in Denken und Tun, in Mythus und Alltagsleben zum Ausdruck gebracht; es ist nicht erst die christliche Kunst, die den Menschen im Symbol von Weib und Knabe, Madonna und Christus darstellt. Die Antike gab der Aphrodite den Eros zur Seite, Venus und Amor sind noch jetzt, wo sie längst zu Schatten dessen geworden sind, was sie einmal waren, eine Einheit, ein Symbol des Menschen.

In der Villa Borghese zu Rom hängt ein weltbekanntes Gemälde von Lukas Cranach, eine Venus, die allen Betrachtern unvergeßlich ist (Taf. 1). Der Grund dafür ist das Gleichnis. Das Zwiegeschlechtige, wie es sich in dem Zusammenfügen des Weibes und Knaben offenbart — zugleich zeigt sich darin das Kindlich-Mannbare — ist durch den männlichen Baumstamm und die weiblichen Spalten in der Rinde verstärkt. Der Baum hat symbolisch beide Geschlechter und Alter: der Baum, die Eiche; Wurzel und Frucht sind Kind, Stamm und Ast Mann, Rinde und Krone Weib.

Bei dem Wort Frucht — fructus ventris tui — ist dies ohne weiteres klar. Wurzel kommt von Wurz, das Pflanze, Kraut bedeutet, ist ursprünglich wurzwala (wala = Stab); das w ist wie in Römer-Römware, Bürger-Burgware verschwunden. In Wurzel ist also die Männlichkeit des Kindes betont. Stab (wala) ist mit sanskrit sthapai verwandt: stehen machen, was dann zu Ständer und schwedisch stond für das Steifsein des Gliedes führt. Es sei gleich hier darauf hingewiesen, daß als Symbol des Menschen der Knabe oder das männliche Glied gebraucht werden, niemals das Mädchen; das Symbolische scheint für den Begriff Mensch das Aufrechte, Stehende, Aufrichtige, Selbständige zu bevorzugen. Außerdem ist im Knaben und im Geschlechtsglied das Zwiegeschlecht und das Kindlich-Mannbare in dem Verhältnis Eichel-Vorhaut und Steifheit und Schlaffheit sichtbar, während beim Mädchen alles Geheimnis ist. Endlich ist Wurzel stammverwandt mit Rüssel; was dem primitiven Denken Rüssel ist, zeigt jedes Kind beim Anblick des Elefanten.

Das Männlich-Symbolische in Baum und Ast zeigt sich in der Gewohnheit, beide Wörter in der Bedeutung des aufgerichteten Gliedes zu gebrauchen. Ferner ist „Stammbaum“ zu erwähnen, worin sich die Idee der urmännlichen Abstammung ausspricht. Von Etymologen wird Stamm mit der Wurzel stha (stehen) zusammengebracht; im Griechischen heißt der Weinkrug stamnos (σταμνος), der Behälter, aus dem der Wein des Lebens in den Becher (das Weib) gegossen wird, ist ihm besonders männlich. Ast zeigt seine Bedeutung in dem Verbum „asten“ (das Feld tragbar machen); es erinnert an den Fluch, mit dem Adam aus dem Paradies getrieben wird, an das Symbol der Sage, der das Weib fruchtbarer Acker, der Mann pflügender Bauer war.

Krone (Kranz) ist als entschieden weibliches Symbol allgemein bekannt, das aufreizend Umschließende drückt sich darin aus. Rinde ist verwandt mit Rand, englisch rim (Ende, Schluß), die Rinde hält den Stamm in der Umarmung, sie schützt ihn mütterlich und umschlingt ihn zärtlich. Fachgelehrte verknüpfen rim mit dem gotischen rimi (Ruhe). So würde in dem Wort Rinde das weibliche Wesen als Leidenschaften beruhigend, beendend liegen. Im Griechischen heißt Ruhe eroe (ερωη) (eigentlich „Angriff mit darauf eintretender Ermüdung, Ruhe“). Die Vermutung, daß eroe stammverwandt mit Eros (ερως) ist, liegt nahe; Eros ist den Griechen der Zwillingsbruder des Todes — der Phallus stirbt durch den Liebesakt — und der Tod ist Ruhe.

Das Unbewußte der Kunst, das den Doppelsinn des Symbols dadurch besonders hervorhebt, daß es den Kopf des stehenden Knaben bis an die eine Spalte der Stammborke reichen läßt und seinen Blick auf den Schoß des Weibes gerichtet hat, fügt dem Gleichnis noch ein Motiv hinzu, das dem Bilde eine schier unergründliche Tiefe gibt: um die Hüften der Venus ist, den Schoß verhüllend und zeigend, der Schleier geschlungen, das uralte Symbol der Jungfräulichkeit und des Jungfrauentodes in der Empfängnis. Das Weibliche, das göttlich Liebende im Weibe, die Venus Urania ist immer jungfräulich. Wer anerkennt, daß es, unabhängig von der Verkörperung in der einzelnen Frau, ein Ewig-Weibliches gibt, weiß, daß dieses Ewig-Weibliche, unabhängig von allen körperlichen Vorgängen, trotz Liebeshandlung und Gebärens unveränderlich jungfräulich bleibt. Der Christusmythus sagt dasselbe: in dem bekannten Liede von dem Reis, das einer Wurzel zart entsprang, heißt es:

„Es fiel ein Himmelstaue
In eine Jungfrau fein,
Es war keine bessere Fraue,
Das macht ihr Kindelein.
Ob sie schon hat geboren,
Blieb sie doch Jungfrau rein."

Das tägliche Leben lehrt dasselbe; jede Frau wird, wenn ihre Liebeserregung irgendwie bis zum höchsten gesteigert wird, von neuem Jungfrau: ihre Öffnung zieht sich dann wieder, trotz häufiger Geburten, so zusammen, daß das Eindringen des Gliedes wie bei der Entjungferung als zunächst schmerzhaft empfunden wird, ja eine Blutung entsprechend dem Zerreißen des Jungfernhäutchens tritt nicht selten ein. Cranach hat, wie Botticelli in seinem Frühlingsbilde, dieses tiefe Wissen in sein Bild aufgenommen, seine Venus ist schwanger.

Daß eine Darstellung der Liebesgöttin voll Symbolik ist, nimmt nicht wunder. Aber der große Künstler kann auch Darstellungen von Tagesereignissen nicht anders geben als mit unbewußter Benutzung des Symbols. Man betrachte beispielsweise Rembrandts „Anatomie des Dr. Tulp" im Haag (Taf. 2). Angeblich ist es ein Gruppenporträt von acht Medizinern, in dem die Figur des Dr. Tulp besonders hervorgehoben ist. Es sind aber gar nicht acht Menschen, sondern neun, und gerade der neunte, der Tote, empfängt das volle Licht des Bildes. Der Tote ist also die Hauptperson geworden, entweder weil Rembrandt es so beabsichtigt hat oder weil ihn sein Unbewußtes dazu gezwungen hat. Neun ist die Zahl der Vollendung; irgendwie wird sich der Gedanke der Vollendung in dem Bilde durchgesetzt haben, und die Vollendung muß mit dem toten Körper zusammenhängen. Neun ist aber auch die Zahl der Schwangerschaft, und neun ist dreimal drei. Das Unbewußte pflegt bei neun Personen die Dreiteilung zu erzwingen, drei ist die mächtigste

Zahl, die heilige Drei. Sie symbolisiert in erster Linie die Männlichkeit, die volle Potenz in der Vereinigung des Gliedes mit den beiden Hoden, weiterhin das Männlich-Weiblich-Kindliche. Betrachtet man das Bild auf die Gruppierung der Drei hin, so gehören zu der stehenden und allein handelnden Figur des Tulp die beiden weit vorgebeugten Figuren; sie sind am sichtbarsten an der Handlung beteiligt. Hinter diesen ist eine andre dreifältige Gruppe: nur einer der Männer ist ganz bei der Sache, der zweite unterbricht seine Lektüre, beginnt also sich für die Sektion zu erwärmen, ein dritter ganz im Hintergrund nimmt an der Handlung nicht viel teil. Die dritte Gruppe ist in dem Leichnam von der Handlung getrennt, die ergänzenden Figuren jenseits des Bildmittelpunkts, der Leiche, widmen dem Vorgang keine Aufmerksamkeit, ja der eine blickt aus dem Bilde heraus, ihn geht die Sektion nichts an. Vollkommen teilnahmlos aber ist der Tote, und doch dreht sich um ihn alles.

Geht man bei der Betrachtung des Bildes von der Neunzahl aus, so wird aus dem genrehaften Gruppenporträt ein Schicksalsgemälde des Männlichen, eine Darstellung der Entstehung, des Handelns und des Sterbens des Mannes. Mann, wirklicher Mann ist der männliche Mensch nur solange, als er seine männliche Potenz besitzt und gebraucht; er entsteht — das Wort „entsteht" ist mit Vorbedacht gebraucht — aus der Erregung, er stirbt in der Liebeshandlung, die der Erregung folgt, folgt solche Handlung nicht, so stirbt er nicht, sondern schrumpft nur zum Knaben zusammen.

Das Bild zeigt, als Symbol gesehen, die einzelnen Schicksalsstadien des männlichen Mannes. In der Hintergrundsgruppe beginnt die Erregung: die Begierde des Erzeugens ist in dem einen Augenzeugen (testis, testiculus) lebhaft, seine Erregung ergreift noch nicht den andern, aber das Membrum verwandelt sich in den Phallus. Der Mann, der das veranschaulicht, unterbricht sein Lesen; Lesen ist, symbolisch aufgefaßt, Phantasie über das Weibliche. — Die zweite Gruppe zeigt beide testes in höchster Spannung und den stehenden Mann (Ständer) in voller Aktion. Er ist der einzige, der einen Hut trägt und sein Kragen ist halb offen, beides Symbole der Vereinigung mit dem Weibe. — Die dritte Gruppe stellt die unmittelbare Folge des Akts dar, nicht als Erschlaffung des Phallus, sondern als Tod; erschlafft ist die Begierde der Zeugen. Daß der Tod am Weibe stattfand, erzählt die Wunde am linken, am Herzens-Liebesarm, und die Tatsache, daß die Finger trotz des Zerrens an dem Beugemuskel unbeweglich bleiben, beweist augenscheinlich den Tod. Die Geschlechtsteile sind durch ein kreuzweis gelegtes Tuch verhüllt: der beschämende Zustand des Unvermögens ist dem Blick entzogen. Auch der Daumen der rechten Hand, der so deutlich den Phallus versinnbildlicht, ist nicht zu sehen. Beides entspricht dem Verhalten des männlichen Menschen, der von den Mächten des Es gezwungen wird, entweder sich dem Bewußtsein seiner vernichteten Mannheit durch Schlaf zu entziehen oder diesen Verlust wenigstens vor dem weiblichen Menschen zu verstecken. — Das Schimpfwort „Schlappschwanz“, das in den letzten Jahren salonfähig geworden ist, beweist, wie groß die Schande solchen Todes ist. Die Kunstgeschichte erzählt, daß der Tote ein Erhängter war. Mag das nun wahr sein oder nicht — wenn es nicht wahr ist, beweist die Sage die symbolische Kraft des Unbewußten — die Tatsache des Samenergusses bei dem Erhängen verstärkt meine Annahme, daß hinter der Handlung des anatomischen Unterrichts das Geheimnis von Zeugen und Sterben, von Liebe und Tod steckt.

Ich möchte schon hier darauf aufmerksam machen, daß Gestaltung und Gebrauchsgewohnheiten des Daumens, auch seine Erkrankungen oder Verletzungen von der Symbolkraft des Es beeinflußt sein können, ebenso wie irgendwelche Wunden ihre Entstehung, Form, Heilungsmöglichkeit vielfach von der Symbolik des Weiblichen oder Zwiegeschlechtigen erhalten.

Um in die Nähe des Es zu kommen, kann man auch einen andern Weg einschlagen, den Weg über die Sprache. Er kreuzt sich vielfach mit dem der Kunstbetrachtung, geht zuweilen parallel, ja streckenweise ist er derselbe. Auch hier zeigt am besten das Beispiel, was ich meine.

Schon in der Schule fiel es mir auf, daß Homer, wenn er von dem Dunkel der Zukunft spricht, die Wendung gebraucht: theon en gunasi keitai (*ϑεων εν γουνασι κειται*). Es wird unserm Denken entsprechend übersetzt: „Das liegt im Schoße der Götter.“ Aber gony (*γουν*) ist nicht Schoß, sondern das Knie. Die wörtliche Übersetzung lautet also: „Es liegt in den Knieen der Götter." Die moderne Wendung, daß die Zukunft in dem Schoße der Götter liegt, ist ohne weiteres verständlich: Zukunft und Leibesfrucht sind dasselbe. Der Gedanke, daß der Grieche mit seiner Rede von den Knieen vielleicht auch Zukunft und Kind gleichsetzte, ist mir zuerst aus der Erfahrung am Krankenbette gekommen. Bei der analytischen Behandlung von Kniegelenksentzündungen stieß ich immer wieder auf die Tatsache, daß der Kranke in seinen Mitteilungen aus dem Unbewußten die Anschwellung des Kniegelenks als ein Symbol der Schwangerschaft auffaßte. Damals war mir die Symbolik der Organe noch wenig bekannt, aber hie und da gaben Kranke die Erklärung, daß man den Oberschenkelknochen als Mann, die beiden Unterschenkelknochen als Weib und die Kniescheibe als Kind auffassen könnte. Lange Zeit habe ich solche Aussagen für Gefälligkeit gegenüber meiner Sucht, Symbole zu finden, gehalten. Dann wurde mir aber gelegentlich ein andrer Gedanke entgegengebracht. Kranke erzählten mir, daß sie das gestreckte Bein für ein Symbol der phallischen Erregung hielten, daß in der Streckung die Vereinigung von Mann und Weib dargestellt sei, während die davor liegende Kniescheibe, wie alles, was vorn liegt, die Zukunft, das zukünftige Kind sei. Danach wäre das Knie Symbol des Männlich-Weiblichen und des Kindlich-Mannbaren. In der Beugung des Knies, ganz besonders im Knien, sahen diese Leute die Erschlaffung, die beim Manne nach der Geschlechtsvereinigung eintritt, eine Annahme, die in den Schwierigkeiten vieler Menschen beim Knien eine Art Bestätigung findet. Eines Tages stieß ich beim Durchblättern eines griechischen Lexikons auf die Redewendungen hypolyein (*ὑπολυειν*) und blaptein ta gunata tinos (*βλαπτειν τα γουνατα τινος*). Das eine bedeutet töten, das andre erschlaffen machen. Das Lexikon setzt hinzu, daß dem Homer die Kniee als Hauptsitz der Körperkraft galten; es liegt nahe, anzunehmen, daß für Homer die Tatsache des Stehens mit Hilfe der Kniee bestimmend wirkte, da ja das Stehen des Phallus überall als Zeichen der Manneskraft gilt. Setzt man statt des Worts Kraft Stärke, so ist die Vermutung nicht ganz unsinnig, daß dem Griechen und wohl auch dem Unbewußten des modernen symbolempfindlichen Kranken das gestreckte Knie Symbol der männlichen Potenz, des starren Phallus war oder ist; denn Stärke hängt zusammen mit starr. Der griechische Ausdruck hypolyein ta gunata (die Knie lösen) für töten führt dann zu der allbekannten Gleichung des Sterbens und Liebens bei den Griechen zurück; ich erwähnte sie gelegentlich der Rembrandtschen Anatomie. Das Knien wäre dann ein Ausdruck für das Unvermögen des Mannes nach vollzogenem Geschlechtsakt (blaptein = erschlaffen machen).

Für diese Dinge findet sich in der lateinischen Sprache die Bestätigung. Das Knie heißt im Lateinischen genu; hängt man daran ein s, so wird es genus, was unmittelbar zu dem Begriff der Fortpflanzung, zu dem männlich-weiblichen, kindlich-mannbaren Allmenschlichen führt.

Von diesem Punkte aus hat man eine erschütternde Aussicht. Die Etymologen behaupten allerdings, genu und genus hätten nichts miteinander zu tun; aber bei einer Wissenschaft, die so mit Vermutungen arbeitet wie die Etymologie, braucht man nicht alles zu glauben, was gesagt wird, zumal wenn sich herausstellt, daß in andern Zusammenhängen zwar nicht genus und genu, dafür aber Knie, kennen, können, König, Kunst, Kind und Kinn auf ein und dieselbe Wurzel zurückgeführt werden. Ehe mir nicht bewiesen wird, daß genu und genus nicht miteinander zusammenhängen, bleibe ich auf Grund des Symbols dabei, daß sie sprachlich verwandt sind*).

Um sich in dem Labyrinth der Wortverbindungen zurechtzufinden, fasse man den vielgeschichteten und wandelbaren Stamm

---

*) Der Zufall hat mir nach Abschluß meiner Arbeit einen Aufsatz des Heidelberger Forschers Hermann Güntert in die Hände gespielt, der ebenfalls, wenn auch auf anderm Wege, unter Anlehnung an Geschlechtsdinge die Verwandtschaft von gony und gignesthai mit ihren Folgerungen feststellt; er erwähnt bei dieser Gelegenheit das homerische theon en gunasi keitai. Ich empfinde diese Übereinstimmung freudig und dankbar, besonders, weil es nachweisbar ausgeschlossen ist, daß einer von uns den Gedanken des andern gekannt hat. Günterts Arbeit (erschienen in „Wörter und Sachen", Band 8) ist 1928 veröffentlicht worden; meine erste Mitteilung über die Wörter gony und gignesthai, gignoskein usw. ist 1926 in einer privaten Zeitschrift „Die Arche" gedruckt worden. Güntert kann diese Zeitschrift nicht gekannt haben.

„kan, ken, kun", zu dem sich dann noch aus mir nicht bekannten Gründen „gen" hinzugesellt. Man muß kühn dabei verfahren (aber kühn leitet sich auch von dem fruchtbaren Stamme kan, ken, kun her). Angeblich enthält diese Wunderwurzel die Bedeutung „gebären" in sich. — Von dieser Wurzel kan, ken, kun wird das Sanskrit-Wort janu = Knie abgeleitet. Andrerseits soll von einer skrt. Wurzel jan = zeugen aus janus = Geburt, janas = Geschlecht, jantu = Kind zu unserm Ariadnefaden kan, ken, kun, gen gehören. Aber janu und janus haben nach Meinung der Gelehrten ebensowenig miteinander zu tun wie genu und genus im Lateinischen. Was soll man nun tun?

Das beste wird sein, man stellt die Aussagen der Etymologen nach eigenem Gutdünken zusammen, ohne sich um die Privatmeinung des Lexikographen zu kümmern. Um den Vorwurf allzu großer Phantasiesprünge einigermaßen zu entkräften, stelle ich einen Satz aus Kluges „Etymologischem Wörterbuch" voran, der sich in dem Abschnitt über das Wort „können" findet: „Die weite Verzweigung der engverwandten idg. Wz. gen, gno ‚erkennen', ‚wissen' ist allgemein anerkannt."

Hält man sich an diese Verwandtschaft, so ordnen sich um den Begriff „Knie" in den verschiedenen indogermanischen Sprachen in erstaunlicher Weise große Lebensgebiete.

Im Griechischen gehören zu dem Wort gony (γονυ) = Knie gignoskein (γιγνωσκειν) = erkennen und gignesthai (γιγνεσϑαι) = werden, entstehen, geboren, erzeugt werden mit ihren Ableitungen. Was das bedeutet, ergibt sich, wenn man bedenkt, daß das Wort Gnosis oder Gnostiker (also ein gut Teil aller Philosophie und Religion) dadurch ebenso mit dem angeblich körperlichen Knie zusammengebracht wird wie das Wort Genesis = Entstehung oder Genos = Geschlecht. Weiter gehört in diese Verbindung genys (γενυς) = Kinn und genaiaskein (γεναιασκειν) = einen Bart bekommen, mannbar werden.

Im Lateinischen gruppieren sich ähnlich, ja vielfach gleich um das Wort genu = Knie: cognoscere = erkennen, nasci = geboren werden, genus = Geschlecht. Ein besonderes Gebiet gerät dort mit in das Lawinenfeld, die Wissenschaft von den Zähnen: dentes genuini = Backenzähne. Es wird sich später zeigen, wie nahe verwandt das Zahnen mit Erzeugungs- und Geburtsvorgängen auch in der Welt der Symbole ist und damit auch im organischen Leben des Menschen, in seinem Sein und Werden. Wer alle diese Beziehungen gewissenhaft durcharbeiten wollte, müßte wohl einige Generationen lang leben und wirken.

Im Englischen gehört knee = Knie zusammen mit to know = kennen, wissen, knowledge = Kenntnis, nation, native, gentry, gentleman, chin usw.

Im Deutschen findet man rings um das Wort Knie: kennen, können, König, Kinn, Kind, Kunde und so fort.

In diesen kurzen Mitteilungen, die nur eine Art Einleitung zu weiteren Aufsätzen sein sollen, möchte ich nur auf einiges aufmerksam machen, was für den Arzt erwägenswert ist. Ich habe vorhin behauptet, daß Kniegelenksleiden unter Umständen das Zwiegeschlechtswesen des Menschen, seine Kind-Mannbarkeit, Zeugungs-Schwangerschafts- und Geburtsvorgänge im Symbol organischer Erkrankung darstellen, und habe mich dabei auf Mitteilungen aus dem Unbewußten meiner Patienten berufen. Das Nachsuchen in indogermanischen Sprachen scheint mir zu beweisen, daß solch Symbol bei der Entstehung der Sprachen mitgewirkt hat; daß das Symbol noch jetzt wirkt, halte ich, abgesehen von meinen persönlichen Erfahrungen in der Behandlung Kranker mit Hilfe symbolischer Gleichungen, auch deshalb für wahrscheinlich, weil die Macht des Worts in allen Lebensbeziehungen noch immer die gleiche ist wie vor Jahrtausenden. In einer Reihe von Sprachen klingt die Benennung des Gelenks zwischen Ober- und Unterschenkel fast gleich wie in längst gestorbenen Sprachen und die Redewendung, daß der Mann das Weib erkennt, ist unsrer Zeit noch ebenso verständlich wie den Verfassern des Alten Testaments.

Daß ich das Wort König trotz einiger Bedenken in Zusammenhang mit Knie gebracht habe — unter Benutzung des vielgestaltigen ken, kan, kun (kuni heißt im Gotischen vornehmes Geschlecht) — erleichtert mir die Mitteilung, daß Kniekranke nicht selten im Unbewußten von Phantasien über königliche Abstammung beeinflußt sind. Ich bin auch geneigt, die lateinische Bezeichnung rex für

König auf das männliche Lebensprinzip des Aufrechtstehens zurückzuführen.

Eine Vermutung, die ich zufällig nicht in eigener ärztlicher Erfahrung habe prüfen können, ist, daß die gonorrhoischen Kniegelenkserkrankungen eng mit der Begattungssymbolik des Gelenks verbunden sind und daß eine Behandlung darauf Rücksicht nehmen sollte.

Schließlich erwähne ich, daß die moderne Wissenschaft die alte fruchtbare Wurzel in dem Ausdruck „Gen" zu neuem Leben gebracht hat. Gen umfaßt in der Vererbungslehre so viel, daß es sich in seinem Wert dem alten Genesis an die Seite stellen läßt. Ich will nicht behaupten, daß die Brücke zwischen dem homerischen theon en gunasi keitai und der Vererbungslehre fest ist. Aber wie tropische Schlinggewächse Flüsse von Kilometerbreite und mehr überbrücken, so mag es auch hier sein. Die Wege zum Es sind wunderlich.

2

Wenn man sich einmal auf Etymologie eingelassen hat, merkt man erst, wie schwer es ist, über den Menschen zu schreiben. Man denkt, wer weiß wie weit gekommen zu sein, wenn man sich davon überzeugt hat, daß der Mensch zwei Geschlechter und zwei Lebensalter hat. Aussprechen läßt sich solche Überzeugung leicht; aber sie sich so zu eigen machen, daß man danach leben kann und daß man danach Kranke behandeln muß, ist nicht leicht. Für den Deutschen geht es noch eher, sich bei dem Worte Mensch je nach Belieben einen Mann, ein Weib oder ein Kind vorzustellen. Aber wie macht es der Engländer, für den der Mensch man ist, der Franzose, der Italiener mit homme, uomo? Haben sie eine Neigung, ein menschliches Wesen so lange für einen Mann zu halten, bis sie es als Weib (woman — wifman, femme — femina = die Säugende) „erkennen"?

Im Griechischen ist Mensch anthropos (*ανϑρωπος*), das Wort wird mit maskulinem Artikel für beide Geschlechter gebraucht. „He anthropos (*ἡ ανϑρωπος*)" ist die Hure, ähnlich wie das jetzige Deutsch, übrigens erst seit kurzer Zeit, „das Mensch" sagt, wenn eine anrüchige Frau bezeichnet werden soll; noch vor zwei Jahrhunderten war jede Frau das Mensch, und der Franzose spricht noch immer unbefangen von ma chose, wenn er von seinem Weibe erzählt. Die erste Silbe geht auf die fruchtbare Wurzel men, man — meinen zurück, von der bald die Rede sein wird; die Sachverständigen sagen, anthropos sei eine Zusammensetzung von menthere (*μενϑηρη*) = Stirn und ops (*ωψ*) = sehen. Meine eigne Vermutung, daß die beiden letzten Silben aus der Wurzel thor (*ϑορ*) (thoros, *ϑορος* = männlicher, menschlicher Samen) gebildet sind, gründet sich nur

auf die Tatsache, daß sich das Wort throsko ($\vartheta\rho\omega\sigma\varkappa\omega$) = springen, bespringen, befruchten, aus der Wurzel thor herleitet.

Ein besonderes Verfahren hat die dänische Sprache befolgt, dem Dänen ist der Mensch eine Sache — et menneske —, ein Neutrum, während der Schwede sogar so weit geht, dem Menschen als Lebewesen einen weiblichen Charakter zu geben, människa ist bei ihm nicht ein „han" (er), sondern eine „hon" (sie). Die beiden nordischen Wörter zeigen schon in ihrem Klang, daß auch für die germanischen Sprachen der Mann Symbol des menschlichen Lebewesens ist. Das deutsche Mensch ist ein Substantiv gewordenes Adjektiv, lautet ursprünglich „männisch", also Mann.

In gewisser Beziehung ist es erklärlich, warum gerade der Mann als Vertreter des Menschlichen gebraucht wird: wir sind sehende Wesen, in großer Entfernung nun entscheidet die Bewegung des gesehenen Gegenstandes, ob es sich um ein Lebewesen handelt oder nicht, und die aufrechte Haltung, ob es ein Mensch ist oder ein Tier; erst in der Nähe, eigentlich an der Kleidung sieht man den Geschlechtsunterschied, ja völlig sicher wird man oft erst durch die erkennende Umarmung. — Was sich aufrichtet, aufrecht steht, sich aufrecht bewegt, ist durch das Symbol männisch bezeichnet, und das Symbol entscheidet so für den Mann. „Mann" nun stammt von der Wurzel „men", die denken bedeuten soll. Danach wäre Mensch — wenigstens der männliche Mensch — das denkende Lebewesen: der zwiegeschlechtige Organismus im Besitz beider Lebensalter, begabt mit der Fähigkeit zu denken.

Plötzlich stehen wir vor der Grundlage unsrer heutigen Kultur, all unsrer Philosophie, Wissenschaft, Religion, Lebensauffassung und Lebensführung: der Mensch denkt, er allein denkt, kein andres Wesen tut es; die Zweifel, ob nicht auch Tiere, Pflanzen, ja womöglich Atome, Ione, Elektrone denken, oder die andern, ob das Denken nicht dazu da ist, um jedes Erkennen zu verhindern, haben keine Bedeutung in unserm Leben; wir spielen mit diesen Zweifeln, sonst nichts.

Trotzdem, die Zweifel sind da, verstärken sich immer mehr, von allen Lebensgebieten aus erheben sich Bedenken gegen die Tyrannei des Denkens. Und da kommt es uns Mystikern zu Paß, wenn die

Etymologen erzählen: Denken ist „machen, daß etwas scheint“, es beschäftigt sich nicht mit dem Wahren, sondern will wahr scheinen lassen, was gut dünkt.

Es handelt sich für mich nicht darum, etwas gegen das Denken zu sagen. Niemand ist so blind zu verkennen, was der Mensch dem Denken schuldet. Aber welch eine Weisheit des Sprach-Unbewußten, schon vor Jahrtausenden das Einseitige, Absichtliche, völlig Subjektive, Dogmatische dieser Funktion des Menschen festgelegt zu haben! Die Sprache ist ehrlich geblieben, sie gibt zu verstehen, daß uns das Denken zu belügen sucht, wir aber machen uns im Gebrauch der Sprache selbst zu Unehrlichen, wenn wir das Denken rein nennen. Ich freue mich, daß das Wort Mensch nichts mit Denken zu tun hat, sondern mit Meinen; Meinen kann auch der ehrliche Mensch, im Denken liegt das Überzeugenwollen, das Haschen nach Vorteil. Und es ist wohl kaum noch ein Zweifel daran: wir Europäer haben genug gedacht, wir sollten zum Meinen zurückkehren.

Mitunter hat die Kunst versucht, den denkenden Menschen darzustellen; gemeinsam ist diesen absichtlichen Darstellungen die Mühe, die das Denken nach Ansicht der Kunst bereitet. Meist werden Denker sitzend abgebildet, zusammengekrümmt und offenbar dringend damit beschäftigt, etwas aus sich herauszupressen. Damit man nicht auf den Gedanken kommt, es handle sich um einen ganz andern alltäglichen mitunter recht schweren Vorgang des Hervorbringens, sondern um eine Arbeit des Schädels, legt man den Kopf mit dem Kinn, als ob er schwer sei, in die Stütze der Hand. Dieselbe Gewißheit, daß nicht eine Tätigkeit in den Regionen des Bauches vorgeführt werden soll, ergibt sich daraus, daß die Beine übereinander geschlagen sind: die in Betracht kommende Öffnung ist verschlossen. Die Kunst hält ebenso wie die Sprache das Denken für etwas gewollt Einseitiges; es ist nicht ein Streben nach Wahrheit, sondern der Wunsch, etwas Gedachtem den Schein der Wahrheit zu geben.

In Florenz ist ein Bildwerk des Michelangelo zu sehen, das der Volksmund il pensiero (der Gedanke) genannt hat; es ist die Grabmalfigur des jüngeren Lorenzo di Medici. Wir sind gewöhnt, pensare mit denken zu übersetzen, aber ich bezweifle, daß ein Deutscher dieses Denkmal mit dem Wort „der Gedanke" bezeichnet hätte. Lorenzo sitzt freilich auch, er stützt sein Kinn mit der Hand, aber jede Spur des Krampfhaften, mit dem die heutige Kunst den Denker auszustatten pflegt, fehlt; pensare (von pendere) schließt das Absichtliche des Denkakts aus, es ist ein Erwägen, der Kopf wird eher festgehalten als gestützt, das Pendeln, Wackeln soll verhütet werden.

Das Denken wird jetzt überall, nicht nur bei den germanischen Rassen, betrieben, es gehört zu dem gewohnheitsmäßigen Sichvordrängen des Worts und Begriffs Ich, wie es sich sprachlich schon darin ausdrückt, daß uns die Verb-Endung nicht mehr zur Personalbezeichnung genügt, daß wir das „Ich, Du, Er" hinzufügen. Als ob das Ich nicht an sich mächtig genug wäre, im Guten und Bösen, als ob der Mensch dadurch größer würde, daß er die Welt in Natur und Mensch einteilt; er bleibt doch nur ein Stück Natur. Je heftiger unser Wunsch ist, eine Welt außerhalb von uns exakt zu erforschen, um so tiefer werden wir in die Knechtschaft des Ichs geraten.

Soviel ich weiß, kannte weder der Grieche noch der Römer das Denken. Der griechische Ausdruck lautet unter anderem noeo (νοεω) = wahrnehmen, erkennen, Wurzel sneuo = winken. Die Lateiner haben das Wort cogitare = co-agitare = zusammen-treiben (agere). Also in beiden Sprachen ist etwas andres gemeint als in unserm Wort denken. Auch die neueren romanischen Sprachen haben ihren Wörtern penser, pensare die Bedeutung denken unterschieben müssen, was nicht ganz gelungen zu sein scheint. Das englische to think ist eine Mischform aus den beiden alten Wörtern denken und dünken. Die alte Bedeutung von Denken — den Schein erwecken — hat sich bei uns in dem Wort Dünkel lebenskräftig erhalten.

Wenn man ein Beispiel der doppelten Leistungen des Verdrängens geben will, so ist das Wort denken brauchbar: Denken ist das Verdrängen der andern Wahrheit — vielleicht aus Dünkel; dieses Verdrängen hat uns zu Wissenshöhen geführt, wie sie wohl kein andres Zeitalter gehabt hat, es hat uns aber der andern Wahrheit, dem Weg und dem Licht und der Wahrheit entfremdet, hat zum großen

Teil die spezifisch europäischen Leiden herbeigeführt, die in gefährlicher Weise unser stolzes europäisches Wesen zu zerstören drohen. Unser Gehirn ist nicht durch vieles Suchen nach Wahrheit überarbeitet, sondern durch den Versuch, das Primitive, Zwiegeschlechtige, Mannbar-Kindliche, Meinende, Menschliche in uns zugunsten des Realen, Objektiven zu vernichten. Da der Mensch nicht aus seiner Haut heraus kann, mißlang die Vernichtung, und nur eine Verdrängung kam zustande, bei der das Verdrängte zu Gift geworden ist. -- Man kann das an tausend verschiedenen Formen menschlicher Krankheiten nachweisen, am leichtesten bei Menschen, die an Kopfschmerzen leiden: die beiden häufigsten Erscheinungen, das Gefühl des Zerplatzens des Schädels und das Gefühl des Drucks auf den Schädel sind nach meinen Erfahrungen zu urteilen Symbole des Kampfs gegen die Geburt der primitiven Wahrheit im Innern des Schädels oder gegen die Befruchtung des wahrheitsempfänglichen Schädels von außen. Und die Unterleibler, die den halben Tag mit der quälenden Sorge zubringen: Werde ich Stuhlgang haben? War die Entleerung genügend in Menge, Form und Farbe? Oder: Wird mir, was ich aß und trank, bekommen oder drohen mir Durchfall und Bauchschmerzen? Oder: Wird die Periode rechtzeitig kommen, wird sie zu stark sein oder zu schwach, zu dunkel oder zu hell? sie alle denken, wollen etwas scheinen lassen, damit das andre Wahre in der Verdrängung bleiben kann. Wer sähe es nicht täglich, wie einer plötzlich in der Unterhaltung den Kopf stützt, weil er zu schwer wird oder wackelt, wie ein andrer die Beine übereinander schlägt, weil er viel zu verbergen hat und wenigstens der hintern Körperöffnung sicher sein will; mag der Bauch dann knurrend sprechen, sein Knurren ist unverständlich, kaum jemand weiß, daß Knurren auch Sprechen ist.

Der Mensch heißt nicht Mensch, weil er denkt, sondern weil er meint; weil er ehrlich meint, ein Ich zu sein, weil er ehrlich mit allen Fasern seines Wesens meint, selbständig der Natur gegenüberzustehen, ein richtiger Mann mit der Potenz der Erektion und des Befruchtens, mit dem Glauben, Herr der Natur zu sein. Der Mensch hat Meinungen, das ist die Sache. Die Wurzel von Mensch ist „men — meinen". „Mein ist die Welt, mein das Werk, mein die Tat", ist es nicht herrlich, daß der Mensch so empfindet, so meint, so spricht? Auf dem Glauben an das Ich ruht die Menschenwelt, und meinen kann nur der, der an sein Ich glaubt, der zu sagen wagt, das ist meine Meinung; denn auch das Besitzwort „mein" bringe ich auf die Wurzel men zurück, allerdings ohne dazu von der Sprachforschung autorisiert zu sein.

Wenige Wurzeln sind einem phantastischen Ohr so gefällig und nachgiebig wie die Wurzel men — man. Da ist gleich das vielgebrauchte und vieldeutige lateinische Wort mens (gr. menos, *μενος*, got. muns) mit allen seinen in der Wissenschaft so nützlichen Ableitungen, z. B. mental, dementia, über deren Bedeutungen sich niemand mehr den Kopf zerbricht. Die Engländer haben sich daraus das rätselhafte, wenigstens für den Ausländer rätselhafte, Wort mind gebildet und damit das Geheimnis der Begriffe Seele — Geist noch schwerer zugänglich gemacht, die Griechen (mimnesko, *μιμνησκω*) und Lateiner (reminiscere) lassen Gedächtnis, Erinnerung daraus wachsen, was die Skandinavier in dem Wort Minne noch heutigen Tages tun. Man bedenke, welche Rolle die Lehre vom Gedächtnis des Organischen in der Wissenschaft spielt. Wir Deutschen haben diese Bedeutung fallen gelassen, aber dafür das ganze unendliche Gebiet keuscher Liebe von Mann und Weib hinzugefügt, während der Holländer noch ein Stück der Geschlechtlichkeit mit hineingezogen hat. Gegen den Versuch, die Wörter gemein — mean — communis damit zusammenzubringen, sträubt sich die Etymologie mit Recht, wie es scheint. Gar die Silbe mein-falsch, lügnerisch (Meineid) von der Wurzel men-man abzuleiten wäre ein Vergehen. Aber wie ist es mit dem griechischen menis (*μηνις*) = Zorn? Der Zorn war der Antike nicht ohne weiteres Zeichen des Unverstandes, das Wort thymos (*ϑυμος*) — wir übersetzen es gar nicht so schlecht mit Gemüt — beweist das. Es ist verwandt mit lat. fumus = Rauch. In dem Wort thymos klingt das Feuer der Leidenschaft mit, in dem Wort Gemüt der Mut. Für den Griechen war der Zorn etwas menschlich Wesentliches. Die Griechen haben noch eine andre Überraschung für uns: sie gebrauchten für unser Wort rasen mainomai (*μαινομαι*), und wie es scheint sind alle Etymologen darin einig, mainomai vom Stamm „men-man" abzuleiten. Und mit diesem

Wort hängt nun gar das Wort mantis (μαντις) = Seher zusammen. Wer von uns kennte nicht den blinden Teiresias? Der Lateiner hat das Wort vates = Seher, unser Wort Wut hängt damit zusammen, während der Ausdruck haruspex zu unserm „Seher" hinleitet. Welch seltsame Sache! Antikes Meinen verlangt für die höchste Weisheit die Raserei, die nordischen Völker das Sehen und beide das Sagen (prophetes, προφητης = Vorhersagen). Haben „rasen, sehen, sagen" engere Verwandtschaft miteinander, als man gewöhnlich glaubt? Sehen wir zu, ob uns der Künstler, der gewiß ein Rasender, Sehender, Sagender, ein Mantis, Seher, Prophet war, Michelangelo in seinen Propheten- und Sibyllenbildern eine zureichende Antwort gibt.

Zunächst: kaum eines dieser Wesen hat die Beine übereinandergeschlagen, kaum eines stützt den Kopf, keines denkt, alle wissen, aus Eigenem heraus oder aus Büchern; bei Jeremias, dessen Sonderstellung ebenso wie die der persischen Sibylle durch die schon mannbaren Begleitfiguren betont ist, könnte man an Kopfstützen denken, aber er hält sich nur den Mund zu, er hindert sich selbst am Sprechen, ist mehr klagender Seher als Prophet. Allen gemeinsam ist das Leidenschaftliche — Hesekiel ist sogar zornig —, sie rasen alle. Das drückt sich in Gesicht und Bewegung aus, ja es ist etwas hinzugefügt, was viel gewaltiger die Raserei zeigt, der Wind stürmt über sie weg und ihre Haare flattern darin. Was soll es mit dem Winde? Ist es der Sturm, in dem der schaffende Gott Michelangelos daherbraust, wenn er Erde und Firmament trennt oder den Mann zum Leben wecken will? Oder ist es der Odem, mit dessen Hauch er Leben gibt? Ach leider, die Kunst Michelangelos antwortet nicht auf die Frage der Fragen, die heute wieder wie vor Jahrtausenden Menschen beim Suchen nach Meinung narrt, die Frage nach Geist und Seele.

Ich hoffe, ein jeder, der die beiden Wörter braucht und darauf seine Theorien aufbaut, weiß, was er damit sagen will, aber begründen kann ich diese Hoffnung nur mit der menschenfreundlichen Gesinnung, an die mich mein Jahrhundert gewöhnt hat. Wirklich sehe ich nur eine heillose Verwirrung der Begriffe, die mit Wörtern verbunden sein sollten, und diese Verwirrung wird durch das Einschalten griechischer und lateinischer Wörter nur schlimmer.

Mit den Ausdrücken „Seele" und „Geist" ist wenig anzufangen, Seele ist im Neuhochdeutschen weiblich, Geist männlich; aber das hat keinen Wert. Geist, meint Kluge, hat vielleicht etwas mit altnord. geisa = wüten zu tun (got. us-gaisjan = außer sich bringen). Damit würde seine Bedeutung dem Stamm men-man, gr. mainomai, mania nahegerückt; eine Sanskritwurzel hid (aus ghizd) = zürnen erwähnt er auch und beruft sich dabei auf das englische aghast = aufgeregt, zornig; das neigt sich dem Sinne nach dem griechischen thymos zu. (Man könnte sehr wohl annehmen, daß das primitive Meinen den Rauch für den Atem des zornigen Feuers gehalten hat.) Kluge weist bei dieser Gelegenheit darauf hin, daß „Geist" im Gotischen ahma hieß, was von der Wurzel ah- herkommt und sich in unserm „achten" lebendig erhalten hat. Das ist wichtig, weil die Wurzeln ah- und oq- zusammenhängen und sich an die Wurzel oq- der Komplex Auge—Sehen anschließt. Geist tritt damit in Beziehungen zu dem Begriff „Seher".

Mit dem Worte Seele ist, außer daß es bestimmt von Beginn an feminin empfunden wurde, nicht allzuviel zu machen: es kann, wie ich aus den Lexika herauslese, mit dem griechischen aiólos (*αιόλος*) = beweglich zusammenhängen. Das paßt mir gut, denn Aíolos (*Αίολος*) ist der König der Winde, und Wind, Hauch scheint das Letzte zu sein, was sich über Seele und Geist sagen läßt; allerdings haben aiólos und Aíolos verschiedene Akzente.

Die Erwähnung des Windes bringt mich auf ergiebigeren Ackerboden; Wind ist im Griechischen anemos (*ανεμος*), und das führt sofort auf das lateinische animus und anima, Geist und Seele, um deren Unterscheidung ganze Literaturen, nicht nur etymologische, entstanden sind. Da sind nun Männlein und Weiblein beieinander, die Stammwurzel lautet „an"-hauchen, atmen.

Man sieht, Atmen—Wind—Hauch und Geist—Seele zeigen immer deutlicher ihre Zusammengehörigkeit, man möchte meinen, sie sind dasselbe. Und mit dem animus — Geist ist wieder der Zorn verbunden: animadverto ist tadeln, bestrafen, „ahnden", welch letzteres wieder von der Wurzel an- herstammt, also etwa unserm volkstümlichen Ausdruck „anhauchen" angeglichen werden mag.

Das Lateinische hat noch ein andres Wort für Geist, bei dem der Zusammenhang mit dem Atmen viel leichter festzustellen ist: spiritus; wir wissen alle, was dieses Wort in der Form spiritus sanctus für die Entwicklung Europas bedeutet hat und noch bedeutet und für weitere lange Zeiten bedeuten wird. Denn selbst wenn wir uns nach und nach von der Bibel und Kirche abwenden sollten, was bisher doch höchstens eine Vermutung ist, dieses Fundament europäischen Lebens wird weiter bestehen und wirken, mag auch das Gebäude zertrümmert werden.

Für meine Betrachtungen ist das Wort spiritus besonders wertvoll. Zunächst hat das Unbewußte der Sprache und unseres Lebens es durch die Materialisation zum Alkohol mit dem Begriff des Rausches (Brausen des Windes) und des Zorns verquickt. Augenblicklich wichtiger ist mir ein etymologischer Zusammenhang: spiritus hat die Wurzel speis = blasen, hauchen, und von dieser selben Wurzel stammt das griechische speos (σπεος) = Höhle, das im Lateinischen specus heißt; specus aber hängt zusammen mit specio = spähen mit seinen vielen Ableitungen, die im modernen Sprachgebrauch noch mehr unser Leben durchdrungen haben (z. B. Spiegel).

Man darf sich wohl bei solchen Wurzelverwandtschaften gestatten, nach Sinnverwandtschaften zu suchen; mit welcher Höhle mag der spiritus etwas zu tun haben? — Das zugehörige Verb ist spiro, das sich in seiner Bedeutung atmen bis zum heutigen Tage im täglichen Leben der Sprachen oder wenigstens in der Sprache der Medizin erhalten hat. Damit sind die Lungen (pulmones), weiterhin die Brusthöhle mit dem spiritus verbunden, genau so wie die Wörter animus und anima. Im Griechischen entspricht dem spiritus sanctus das pneuma hagion (πνευμα άγιον) (Hauch, Wind). Atmen (hauchen, wehen) heißt dort pneo (πνεω), und die Lunge ist pneumon (πνευμων). Auch pneuma hat in seiner Meinung etwas vom Zorn und Rausch, in der biblischen Erzählung von der Ausgießung des Heiligen Geistes tritt die Flamme als Wahrzeichen des Geistes auf, auch das Reden in fremden Zungen mag hier als Wirken des Geistes erwähnt werden. — Im Mittelhochdeutschen wird das pneuma hagion heilege atem genannt, im Althochdeutschen wîho âtum.

Aus alledem geht hervor, daß zum mindesten den Völkern, die für die europäische Lebensauffassung verantwortlich sind, Atem Symbol des Geistes ist, d. h. für ihr tiefes Menschliches ist beides dasselbe. Dazu kommt noch, daß die fremde hebräische Meinung ebenfalls Atem, Hauch als Symbol des Geistes braucht, also mit dem ganzen Gewicht der biblischen Denk- und Sprechweise das dunkle Wesen dieser symbolischen Auffassung noch verstärkt. Das Wort für den Geist Gottes, der über den Wassern schwebt, lautet, wie ich mir sagen ließ: ruach.

Soweit lassen sich die Dinge leicht verfolgen, aber es bleibt eine Schwierigkeit: alle die erwähnten Sprachen haben noch einen zweiten Ausdruck mit der Bedeutung Atem und Hauch, mit dem sie ebenfalls menschlich Lebendiges im Gegensatz zum menschlich Leblosen bezeichnen: die Hebräer das Wort nefesch (der Odem Gottes, den er dem ersten Menschen einbläst, wird so benannt), die Griechen psyche ($\psi\upsilon\chi\eta$), die Lateiner anima; von dem deutschen Seele ist der Zusammenhang mit Atmen nicht nachgewiesen, es muß also dahingestellt bleiben, ob wir auch diese seltsame Zweiheit haben, ob Seele eine richtige Übersetzung von anima und psyche ist.

Ich werde mich auf die nutzlosen Untersuchungen über Unterschiede zwischen Seele und Geist, anima und animus, ruach und nefesch, psyche und pneuma nicht einlassen, höchstens könnte ich auf das Märchen von der Ehe zwischen Eros und Psyche hinweisen, aber das eine halte ich für bewiesen, daß für den Menschen Atmen und Geist-Seele symbolisch dasselbe ist.

Alle Untersuchungen über Geistig-Seelisches sind in einem wesentlichen Teil unvollständig, solange sie die Tatsache nicht berücksichtigen, daß bestimmten Schichten des Unbewußten Geist-Seele dasselbe ist wie Atmen. Das Verständnis für gesundes und krankes Verhalten des Atmens und der Atemwerkzeuge wird mangelhaft bleiben, bis wir begreifen, daß Atmen dasselbe ist — für die Wächter über Gesund- und Kranksein, die das Es aufstellt — wie Geist-Seele.

Es ist nicht schwer zu erraten — ob freilich die Lösung der Frage richtig ist, wissen die Götter —, warum das primitive Meinen des

Menschlichen Atmen und Geist-Seele zu gegenseitigen Symbolen gemacht hat; für dieses Meinen beginnt das Leben beim ersten Atemzuge und dauert, bis die Seele ausgehaucht ist. Man denke nur an die mittelalterlichen Bilder, die das Sterben darstellen, wie da die Seele, mitunter noch mit einem Zettel versehen, ausgeatmet wird, und selbst Goethes Mephistopheles hält es noch für gut, am Munde des toten Faust zu lauern, bis dessen Seele erscheint.

Wie die Seele — oder der Geist oder beides — in den Menschen hineinkommt, wußte die Kunst freilich nicht, aber die Wissenschaft weiß es auch nicht. Der Primitive meint, die Gottheit blase die Seele ein, wir Wissenden erzählen etwas vom Ei und Spermatozoon und Tropismen, von Chromatosomen und Genen und beschreiben auf den Universitäten und anderswo einen höchst verwickelten Vorgang, der Befruchtung genannt wird, aber dahinter steckt zuletzt doch die Gottheit, die macht, was sie will. Wir reden gelehrter über diese Vorgänge, aber es bleibt dabei, daß zur Entstehung des Menschen eine Höhle gehört, in die etwas hineingebracht wird, was die Eigenschaft der Ewigkeit hat, zum wenigsten keinen Anfang hat, es sei denn Gott, und aus der es verändert und doch auch unverändert wieder herauskommt. Und es bleibt dabei, daß Gebärmutter und Brusthöhle symbolisch gleich sind, daß Atmen und Begatten eng zueinander gehören: im Ein und Aus und im Lebendigwerden in der Höhlung. Ja, plötzlich merken wir, daß, was von Gebärmutter und Brusthöhle gilt, auch für den Bauch oder den Schädel oder das Auge oder das Ohr symbolische Wahrheit ist, ja daß die Höhlung nicht einmal nötig ist, sondern daß überall im Menschen Kind entsteht, weil überall Weiblich und Männlich ist, weil alles Menschliche die heilige Dreiheit von Mann, Weib und Kind enthält, mag dieses Menschliche nun vom Tagesleben geistig-seelisch oder körperlich genannt werden, mag es eine organische Funktion, etwa die der Verdauung oder des Kreislaufs sein, oder mag es sich um Denken, Dichten, Lieben, Kuponschneiden, Autofahren oder Mitteilen hoher Weisheit handeln.

Daß der Wind in die Symbolik Geist—Atem mit hineingezogen ist, bedarf keiner Erklärung: das Blasen des mütterlichen Atems, auch des eigenen, gehört zu den ersten Eindrücken des Neugeborenen.

Ob das Kind im Mutterleibe Lebensgefühl hat, weiß ich nicht, sicher wäre es aber wesentlich anders als nach dem ersten Atemzuge; von dem Moment der Geburt an verbindet sich die Erfahrung Leben mit der Erfahrung Atmen, mit dem Meinen: Atmen sei Wind, blasender, wehender Wind. Der erste Atemzug gibt neues Leben, das bleibende Leben, so ist also der Mensch Geschöpf des blasenden, wehenden Windes. Das ist der nefesch der Eloim; der Frühlingswind aber, der den Winter verscheucht und Blatt und Blüte, beides sprachlich Abkömmlinge des Blasens, erzeugt, ist der Geist Gottes über den Wassern „ruach“. Diese Symbole sind in unserm Unbewußten verwurzelt — in Florenz hängt Botticellis Bild der Prima Vera mit der vom Wind geschwängerten Göttin und desselben Malers Aphrodite Anadyomene, die von den Winden zum Lande ihres Wirkens getrieben wird —, wir können nichts andres tun, als das Wirken dieses Windsymbols anerkennen und es in unserm Urteil über gesundes und krankes Menschenleben verwenden; das aber können wir.

Der Wind wohnt nach alter Auffassung in der Höhle; wie könnte es auch bei seiner Symbolik anders sein? Zeugen und Gebären ist dasselbe — das hat sich in den Sprachen bis zum heutigen Tage lebendig erhalten —,Zeugen und Gebären sind Tun des Chaos, der Urhöhle; Worte wie Urmund, Blastula, Gastrula beherrschen noch die junge Wissenschaft der Embryologie.

Ich habe nichts darüber gefunden, ob das griechische blastano (βλασταvω), blaste (βλαστη) = keimen, keimen lassen mit Blasen des Windes etwas zu tun hat, ich nehme es aber an; sicher ist nach Angabe der Sachverständigen, daß Blatt und Blüte mit Blasen zusammenhängen, und ebenso scheint man darüber einig zu sein, daß das lateinische flare = wehen, blasen mit seinen Ableitungen flatus = Wind, Blähung und folium = Blatt damit verwandt sind, vielleicht auch flere = weinen, ebenso flos = Blüte, Blume, und florere = blühen; auch follis = Ledersack, Blasebalg gehört dahin; folium soll dasselbe sein wie das griechische phyllon (φυλλον) von der Wurzel bel = schwellen, strotzen.

Bis hierhin geht der Etymologe einen Weg, der ausgezeichnet zu meinen Meinungen paßt, und man könnte sich damit begnügen:

die Lebensgebiete, die so in den Bereich vom Atmen gezogen sind, haben beträchtliche Ausdehnung. Aber vielleicht kann man noch einen Schritt weiter gehen, selbst auf die Gefahr hin, dem Chaos zu verfallen, und wenn mich nicht alles täuscht, drängt das Unbewußte der Etymologie vorwärts; nur Scheu vor dem Rande des Abgrunds, eine Art Schwindelgefühl, hält die Kombinationen auf.

Während ich mich in den verschiedenen Lexika über die Wurzel des Worts „blasen" umtat und dabei den lateinischen, nah verwandten Ausdruck flare fand, fiel mir ein, wie hübsch es wäre, wenn man eine Verbindung zu flagrare und Flamme finden könnte. Denn Wind und Flamme, Atem und Feuer schienen mir zusammenzugehören. Zunächst mißlang das, dafür stellte sich aber heraus, daß fluere = fließen dieselbe Wurzel hat wie flare, nämlich bhle (bel, belg) = strotzen, schwellen. Das gefiel mir, zumal sich auch ein griechisches Wort phlyo, phleo (*φλυω, φλεω*) = wallen, überfließen, strotzen dazugesellte, was wiederum zu flumen = Fluß führt. Dann fiel mir auf, daß in dem Wort folium, dessen Verwandtschaft mit flos = Blume und dem deutschen Blatt und Blase anerkannt zu sein scheint, die Stellung des l gewechselt hat, was aber nicht hindert, daß es zu der Wurzel bhle gehört. Das führte mich schon dicht an flagro, gr. phlego, phlox (*φλεγω, φλοξ*) = brennen, Licht heran, nur das g störte noch. Aber dieses g kannte ich schon aus Nachforschungen über das Auge und die Hoden; dabei hatte sich herausgestellt, daß bhel und bhelg dasselbe sind und schwellen bedeuten (noch heutigentags in dem englischen bellows = Lungen, ballocks = Hoden und in dem deutschen Dialektwort belgen enthalten). Damit ist für mich die sprachliche Verbindung Blasen (Wind, Atem) und flagrare—flamma (brennen, Feuer, glänzen) hergestellt. Wahrscheinlich würde ich lediglich auf andre Assoziationsreihen hin diese Annahme in meinen Mitteilungen ausgesprochen haben, aber es ist angenehm, sich schon vorher gegen kommende Angriffe hinter der dicken Mauer lexikaler Autorität zu decken.

Die Versuchung, noch einen Schritt weiter zu gehen, ist zu groß, um ihr zu widerstehen; ebenso wie die Brusthöhle Tummelplatz der symbolischen Liebesspiele, des Zeugens und Schwellens und

Schwangerseins und Gebärens, des Werdens und Sterbens von Wind —Atem—Geist ist, kann man das auch vom Bauch sagen, nur tritt an Stelle der Gleichung Wind—Atem—Geist die andre, Nahrung—Essen—Kot und Samen—Begatten—Kind. Vielleicht besteht aber auch eine etymologische Verwandtschaft: Wind heißt im Lateinischen ventus (beide haben die gleiche Wurzel we-), Bauch heißt venter; für ein harmloses Ohr klingt ventus und venter ähnlich, zumal für das deutsche Ohr, das den Ausdruck Wind für die Bauchgase kennt. Ja, wir sprechen auch von Blähungen, vom Aufgeblasensein des Bauchs, genau so, wie der Lateiner und der gebildete Mediziner vom flatus spricht: blähen ist aber das Stammwort von blasen (flatus, flare), blähen ist anschwellen lassen — der Wind bläht die Segel. Und was könnte den Urmenschen wohl mehr im Tiefsten bewegt haben als die Schwangerschaft, die den Bauch des Weibes durch das Kind (Balg) aufbläht? Der Etymologie freilich mag solches Laiengeschwätz unerträglich sein, sie leitet venter von derselben Wurzel ab wie vesica (skrt. vastis); aber wem fällt dabei nicht ein, daß vesica bei uns Blase, Harnblase heißt, daß wir das Wort Blase aber ebensowenig auf die Harnblase beschränken wie der Lateiner vesica? Ja, meist ist das Wort Blase für eine mit Luft (Wind) gefüllte, abgeschlossene Höhlung in Gebrauch, für eine Art Blähung, eine Luftblase. Der Engländer würde noch heutigentags den Bauch belly = Blasebalg nennen, wenn ihm sein Anstandsgefühl erlaubte, ein so unanständiges Wort zu gebrauchen. Für das deutsche Wort Bauch scheint man bisher noch keine weit zurückgehende Wurzel gefunden zu haben; daß ein Bauch aber gewisse Ähnlichkeiten mit einem Balg — auch im Klang der Wörter — hat, läßt sich behaupten. (Das deutsche Wort Bulge = Wasserbehälter aus Leder ist verwandt mit Balg, Wurzel bhelg oder bel = schwellen, und der Engländer nennt den Bauch eines Fasses bilge, bulge, der Franzose bouge und der Mittellateiner bulga.)

Eine andre deutsche Bezeichnung für Bauch ist Wanst, das etymologisch mit skrt. vasti = Harnblase und vanisthu = Eingeweide und mit lateinisch venter zusammenhängen soll. Auch das Wort Wamme, aus dem das englische Wort womb = Gebärmutter hergeleitet wird, bedeutet zunächst Bauch; ob es mit Wanst zusammenhängen kann, entzieht sich meiner Kenntnis. Der Begriff der Höhle, in der der Mensch gezeugt wird, verbindet es mit allem, was bisher besprochen wurde.

Mein Suchen nach dem, was Geist und Seele sei, hat wenig Erfolg gehabt, und so wird es wohl allen gehen, die etwas darüber wissen wollen, statt sich mit dem Meinen zu begnügen. Trotzdem muß ich dem Gefühl Ausdruck geben, daß mein eigenes Meinen von Menschengeist und Menschenseele bei diesem Durchstöbern von Wortverwandtschaften bereichert worden ist, wie ich es anfangs nicht erwartet habe. Es haben sich in mir Vorstellungen über Symbole des Werdens und Vergehens, des Lebens und Sterbens, des Zeugens, der Schwangerschaft und des Gebärens, des doppelten Geschlechts und der Kind-Mannbarkeit befestigt, deren Tragweite für Leben und Handeln, besonders für ärztliches Handeln im weiteren Verlauf dieser Mitteilungen sich zeigen soll.

Die Sprache faßt Geist und Seele als Erscheinungen ein und desselben Geschehens, des Atmens, auf, aber sie denkt bei dieser Gleichsetzung nur an das Atmen mit den Lungen, beide, Geist und Seele, bestehen nur von der Geburt bis zum Tode, die Sprache kennt weder Seele noch Geist bei der Frucht im Mutterleibe, bei der Leiche im Grabe; und doch weiß sie, daß Leben schon in der Frucht ist und daß im Tode schon neues Leben haust, fremdartig wie der Wind: man weiß nicht, von wannen er kommt und wohin er geht.

Das ist das eine: Geist—Seele sind nicht zweierlei, sondern nur zwei Richtungen einer Bewegung; wenn sie in zivilisierten Kulturen noch etwas andres bedeuten als leeren Schall, so können es nur Reste von dem symbolischen Leben der primitiven Kultur sein, der sie das Hinein und Hinaus des Atmens, des Zeugens und Gebärens waren, das Entstehen des Menschen durch die Empfängnis und sein erstes Sterben bei der Geburt, sein Lebenseintritt mit dem ersten Atemzug und sein Scheiden vom Leben im Tode. Das volle Leben in diesen Symbolen des Zwiegeschlechts muß freilich schon früh unverständlich geworden sein, sonst ließe sich die auffällige Unterscheidung der Wörter in Maskulin und Feminin nicht erklären; nur in dem Neutrum pneuma hat sich das Doppelgeschlechtliche erhalten. Und obwohl die Wörter Geist und Seele unsrer

Sprache unentbehrlich geworden sind, wird man doch gut tun, keine Gegensätze in sie hineinzulegen, ja sich von Zeit zu Zeit klarzumachen, daß beiden Wörtern kein Sinn mehr innewohnt. Wir besitzen ein neutrales Wort, das lautet Leben. In ihm vereinigt sich Geist—Seele—Körper.

Den besten Beweis, daß dem so ist, gibt die darstellende Kunst; sie vermag, wenn anders sie Kunst genannt werden darf, weder Geist noch Seele noch Körper darzustellen, sondern nur Leben; selbst den Leichnam muß der Künstler lebendig malen. Und auch das Leben erscheint in der Kunst nie anders als im Symbol des Menschlichen, des meinenden Mann-Weib-Kindes.

In der Galleria Borghese in Rom hängt ein Bild des Sassoferrato, „Die drei Lebensalter" genannt (Taf. 3). Die Anziehungskraft, die es auf den Beschauer ausübt, ist bedingt von dem Symbol des Kindlich-Mannbaren und Männlich-Weiblichen und dem andern, dem Ewigkeitssymbol des Stirb und Werde. Im einzelnen ist das Gemälde reich an größtenteils wohl unbewußter Symbolik. — Das Lebensalter der Kindheit zeigt drei Knaben; zwei davon (Testikel) schlafen, während der dritte in die Höhe strebt, er allein trägt die Flügel des Phallus. Er hält sich an einem Baumstamm, neben dem noch der in Kerbenform abgehauene Stumpf eines zweiten steht. Noch schlummert die Zeugungskraft der Testikel, aber die Fähigkeit zur Erektion ist wie bei allen Knaben vorhanden, und die Erregung, die zur Erektion führt, wählt sich wie immer als ausreichenden und entschuldigenden Grund das Verhalten des Mannes, dessen ragende Kraft (der Baum) dem kindlichen Triebe Ansporn ist. Dahinter freilich droht in dem Stumpf die Angst vor dem Verlust des Phallus, die Kastrationsangst, wie es die Psychoanalyse komischerweise genannt hat, obwohl es sich um eine Angst vor vollständiger Verstümmelung, mutilatio, handelt, nicht bloß um Fortnehmen der Hoden. Die Einkerbung des Stumpfendes erzählt von dem seltsamen Ideengang, den alle Kinder einmal verfolgen, daß die Kerbe des Mädchens durch Mutilation entstände. — Auf der andern Seite des Gemäldes sieht man ein Liebespaar. Das Mädchen, mit der Blume im Haar geschmückt (sie ist mannbar), ist wie Eva der anreizende Partner: in der Linken hält sie die

Flöte, die von dem Manne her aufragt, ein zweites Rohr führt sie zum Munde, gemäß der bekannten Gleichstellung der Mundöffnung mit der Geschlechtsöffnung. Sie ist ganz bekleidet, während der Mann fast nackt ist; trotzdem ist sie als beginnender Teil gedacht, das Weib, nicht der Mann, leitet das Flötenspiel der Liebe, nur daß sie den Anschein zu erwecken versteht, als sei der nackte Adam der Verführer; so ist es von jeher gewesen, so wird es auch bleiben, und mit Recht. Im Sündenfall, der gewiß kein Sündenfall war, sondern nur zum Besten menschlichen Lebens gedichtet wurde, weil ohne Schuldgefühl auch aller Stolz und alles Menschenempfinden tot bleiben würde, ist das Weib unschuldig schuldig: der Phallus lockt sie, die Schlange des Manns. Daß aber die Gabe der Verwandlung des Gliedes in den Phallus nicht dem Weibe gilt, beweist das Bild der Kindheit mit dem hochkletternden Eros, die Erregung kommt auch ohne Weib zustande. — Die Sage vom Sündenfall ist charakteristisch für das Verhalten der Geschlechter dem Schuldgefühl gegenüber: so plump, wie Adam die Schuld auf das Weib abwälzt, kann nur ein Mann handeln, so ganz frei von wirkendem Schuldgefühl und so einsichtig in den natürlichen Lauf der Dinge, wie es Eva ist, kann nur das Weib sein. Beide Arten der Entschuldigung lernt und verwendet das Kind, nur ist es doppelt so plump wie der Mann und doppelt so gewissenlos wie das Weib; wer ein einziges Mal sich die Mühe gegeben hat, den Verlauf eines geschlechtlichen Traumas bei Kindern zu verfolgen, unvoreingenommen und vorsichtig, wird zweierlei feststellen können: zunächst, daß derartige Traumen bei jedem Kinde tagtäglich vorkommen, und dann, daß das Kind den Schrecken der Erwachsenen vor diesem täglich unbewußt verübten Trauma genau kennt und zu bestimmten, ihm im Augenblick wichtigen Zwecken benutzt; wenn man das wüßte und beachtete, würde die vielberedete Geschlechtsneurose der Neuzeit bald andern Krankheitsformen weichen; sie beruht nicht auf dem Trauma des Geschlechtslebens, sondern auf der bewußten Lüge des Kindes, das sich schuldlos stellt, während es genau weiß, daß es selber das Trauma veranlaßt hat. Wüßte das Kind, welche verheerende Anklage es erhebt, so würde es schweigen, wie es so oft schweigt. Aber es kennt die Folgen seiner Lüge nicht, sieht diese Folgen erst später in all ihrer Furchtbarkeit: an diesen Folgen, die es völlig bewußt seiner leichtfertigen Lüge — oder soll man es Verstellung nennen — zuschreibt, erkrankt es, nicht an dem Trauma. Kinder sind wissend von Natur, sie lernen aber erst durch Erfahrung, daß sich Heuchelei bei den wahrhaftigen Naturen immer rächt.

Zurück zu dem Bilde! Unterhalb des Liebespaares sind in drei Gruppen Blumen gemalt: am weitesten rechts sind es drei, zwei dicht aneinandergedrängt, die dritte deutlich isoliert. Die Nähe des Liebespaars legt die Deutung der Dreizahl als Symbole des männlichen Zeichens nahe. Glied und Hoden sind im Kindheitszustande dargestellt. In der mittleren Gruppe steht die dritte Blume, die Repräsentantin des Gliedes, entfernt von den beiden andern, der Manneszustand ist eingetreten, es sind die Testikel und der Phallus. Gerade unter der Stelle, wo das Mädchen die eine Flöte auf den Leib des Mannes setzt, ist wiederum eine Gruppe in deutlicher Phallusform dargestellt, aber jeder Teil der Dreizahl ist von zwei Blumen gebildet, offenbar in starker Betonung der Zeugungskraft. Eine vierte Gruppe zählt nur zwei Blumen; sie stehen genau in der Verlängerungslinie des linken Männerfußes. Ihr Sinn wird klar, wenn man die Linie weiter verfolgt: man stößt dann auf das ausgestreckte Bein des Greises, des Repräsentanten des absterbenden Lebensalters, und auf diesen Greis müssen sie bezogen werden. Das Doppelsymbol der Zeugungskraft — der Maler braucht, wie eben beschrieben wurde, die Zweizahl als Gleichnis der Testikel — ist durch Entfernung und Bodengestaltung so weit von dem Greise getrennt, daß er es nicht einmal mehr wahrnehmen kann. Der Greis ist der Zeugungskraft beraubt, kümmert sich auch nicht mehr darum; ja er kümmert sich auch nicht mehr um Mann und Weib, nur seinen Erinnerungen, den toten Gestalten seiner Phantasie, gehört seine Teilnahme. Er ist der Kindheit im Bilde ganz nahe gerückt, wie das Kind besitzt er noch die Erregungsfähigkeit — die Haltung des gestreckten Beins beweist das —, aber diese Erregungsfähigkeit ist ohne lebendige Zukunft. Zwei Knochen liegen neben ihm, der eine lang, der andre zerbrochen, genau entsprechend den Bäumen der Kindheit, und umgeben ist er von

Totenschädeln, deren leere Augenhöhlen stark hervorgehoben sind, um von der Taubheit der Greisenhoden zu erzählen. — Hinter dem Greis ist, behütet und eingeschlossen von zwei jugendlichen Gestalten, deren eine sitzt, während die andre steht, die wimmelnde Herde des Menschenvolks dargestellt, und zum fernsten Hintergrund strömt der Fluß der Fruchtbarkeit dem mütterlichen Meere zu.

Man geht wohl nicht fehl mit der Annahme, daß die Absicht des Bildes ist, Urmenschliches so einfach wie möglich zu malen. Leben ist dargestellt in der Form des Triebes. Aber niemand würde bei diesem Bilde versuchen, Geist und Seele zu trennen; die angebliche Kraft dieser Wörter versagt hier. Ja selbst die Landschaft gibt Meinen des Menschen wieder, nicht Denken und auch nicht Fühlen; sogar die Totenknochen werden lebendig in der Phantasie des Alten, so daß auch das Körperliche in die Einheit des Menschlichen verschmolzen ist. — Die besondere Eigentümlichkeit des Bildes ist, daß in ihm Männliches wird, ist und vergeht, während das Weibliche, in einer einzigen Figur gezeigt, weder entsteht noch vergeht, sondern unverändert immer ist.

3

Wenn ich auch zugebe, daß Schlüsse aus etymologischen Verwandtschaften der Wörter auf Sinneszusammenhänge der Begriffe keinen großen Wert in dem Urteil des Sachverständigen haben, so meine ich doch, vielleicht weil ich Dilettant bin: Das Sprachunbewußte hat einst Geist-Seele und Atmen als dasselbe, als symbolisch gleich empfunden; das würde heißen, daß für das sprachschaffende Meinen, zum mindesten in diesem speziellen Falle, wesentliche Unterschiede zwischen körperlichem und seelisch-geistigem Handeln nicht bestanden. Meine Meinung, daß solche Unterschiede für das menschliche Unbewußte auch jetzt nicht bestehen und nie bestehen werden, kann erst nach und nach begründet werden. Aber ich halte es für zweckmäßig, ab und zu daran zu erinnern, daß für mich Geist-Seele und Körper Erscheinungsformen, Diener des Es sind, das sich je nach Gutdünken einmal mehr körperlich, ein andermal mehr seelisch-geistig offenbart, immer aber lebendig ist, d. h. beide Funktionen gleichzeitig verwendet. Eine Untersuchung, was die Sprache unter Körper versteht, wird meine bisherigen Mitteilungen verdeutlichen.

Das Wort Körper verändert, so scheint es, langsam seinen Sinn, die Neigung, Totes damit zu bezeichnen, wächst, ja im Englischen ist man schon so weit, daß man den toten Menschen corpse benennt; aber auch im Deutschen läßt sich die Bedeutungsänderung feststellen. — Vielleicht ist sie bei uns am deutlichsten in der Mathematik, die ja merkwürdigerweise so entscheidend bei der Mechanisierung des Lebens und bei dem Verdrängen des Meinens zugunsten des Denkens mitgeholfen hat; gerade diese Wissenschaft denkt nicht in den Grundschichten, sondern meint, und heute ist sie in ihren höheren Schichten klare und reine Phantasie geworden. Sie kehrt in die Sphäre des Symbols zurück, in der sie früher unumschränkte Gebieterin war. Vermutlich sind die Zeiten nicht mehr fern, wo man auch im täglichen Leben einsehen wird, daß Mathematik nicht Sache des Gehirns ist, sondern Werkzeug und Wirken des Alls und des Es; die Embryologie beweist, daß längst ehe ein Gehirn entsteht, das befruchtete Ei spielend die schwierigsten mathematischen Aufgaben löst, die Mineralogie zeigt es in der Lehre von den Kristallen, daß Mathematik außerhalb dessen ist, was wir gewöhnlich Leben nennen, ja, man braucht nur einmal zu sehen, wie sicher ein Hund die Schnelligkeit der Automobile berechnet, um zu begreifen, wie niedrig man die Mathematik einschätzt, wenn man sie als logisches Denken auffaßt.

Nach dieser Abschweifung, die mit dem Gewicht ihres Inhalts entschuldigt werden mag, komme ich auf das etwas rätselhafte Wort Körper zurück. Daß es aus dem Lateinischen übernommen worden ist, steht fest; ebenso sicher haben schon vor dieser Übernahme im deutschen Sprachschatz Wortbildungen existiert, die von der gleichen Wurzel stammen. Diese Wurzel lautet qrep-, querp- und ist aus quer (bilden, gestalten) entstanden. Im Sanskrit gehört dazu karoti und karman = Werk, auch kalpate = er paßt (gr. prapis, *πραπις* = Zwerchfell — Sitz des Verstandes) und krp = Gestalt. Althochdeutsch lautet das Wort href = Leib, wozu angs. hrif gehört, und das ist bezeichnenderweise der Mutterleib: ein treffenderes Gleichnis für gestalten, ordnen kann wohl kaum gefunden werden. Aus dieser den Sprachen gemeinsamen Bedeutung des Ordnens und Gestaltens — Wörter wie corporation, Corpsgeist haben den Sinn von Ordnung beibehalten — schließe ich, daß dem Wort Körper kein Gegensatz zu Geist-Seele ursprünglich innewohnt, sondern daß man diesen Gegensatz nach und nach aufgerichtet hat, um Leben und Tod voneinander zu trennen und sagen zu können: das Fleisch stirbt, aber der Geist dauert. Mir scheint der Gedanke unwissenschaftlich zu sein, widerlegt von menschlichem Meinen und Wissen, aber es wird schwer sein, unserm Kulturleben den Sinn des Heraklitschen panta rhei (*παντα ϱει*) als wirkende Wahrheit wiederzugeben.

Der Gedanke, daß der Körper vergänglich sei im Gegensatz zu der Unsterblichkeit von Geist-Seele, kann nicht sehr alt sein; wenigstens spricht dagegen die deutsche Bezeichnung für Körper „Leib“. In früheren Zeiten bedeutete Leib Dauer, Beharren (zusammenhängend mit bleiben — bileiban, gr. liparein [λιπαρειν]). Man nimmt an, daß der Begriff des Klebens damit zu tun hatte. Das Wort „Leben“ (engl. life und live, dazu gehört auch leave = bestehen lassen) hat dieselbe Wurzel lib- (leip, lip, lei, li). Das sonderbare Leib-Seelenproblem, von dem jetzt soviel die Rede ist, bestand, scheint es, für andre Kulturen nicht, für sie gab es nur die Einheit: Körper, Leib; aber es scheint eine zu starke Zumutung für die Zeitgenossen zu sein, diese menschlich naheliegende Anschauung wieder aufzunehmen. Das ist um so seltsamer, als gewiß dem christlichen Dogma die Auferstehung des Fleisches selbstverständlich ist. Offenbar hat man aus der unwiderstehlichen Sucht, Denkstoff zu bekommen, eine Trennung vorgenommen, die allem, was wir wissen und meinen, widerspricht.

Im Holländischen hat sich statt des Wortes Leib noch die alte, auch im Deutschen früher gebräuchliche Bezeichnung licham erhalten, während im Neuhochdeutschen es nichts Lebloseres gibt als einen Leichnam. Bei der Denkernation ist nur in dem Worte Leichdorn — Hühnerauge noch die Spur des alten tröstenden Glaubens an Dauer und Leben geblieben. „Gleich“, das in der deutschen Sprache mit der Endung „lich“ so reichlich vertreten ist, hängt mit Leiche eng zusammen (ahd. gilik), es bedeutet „einen übereinstimmenden Leib haben“.

Aus besonderen Gründen, die erst volle Bedeutung bei der Besprechung des Begriffs und Wortes „Weib“ bekommen werden, hebe ich die Ableitung der zweiten Silbe in „Leichnam“ hervor: sie ist nach Kluge ein uns verlorengegangenes Nomen hama-, haman- mit der Bedeutung Hülle (in dem Wort Hemd lebt es noch in der Sprache). Das Umhüllen klingt leise an, die wichtigste Lebens- und Leibesfrage der Geschlechter und der menschlichen Zwiegeschlechtigkeit: das weiblich zu deutende Umhüllen der zweiten Silbe verführt zu der Meinung, daß in der ersten Männliches enthalten sei.

Beim Verfolgen dieser Wunschmeinung gerate ich an das englische body = Körper, Leib, über dessen Etymologie noch Ungewißheit zu bestehen scheint; unter anderm nimmt man eine Verwandtschaft mit unserm Bottich und Bütte an, wodurch body ebenfalls zu einer Art Hülle (Schlauch, Faß, lat. budina, gr. pytina, *πυτινα*) würde. In einem gälischen Lexikon findet sich eine Vermutung, daß body von dem gälischen bod komme, das das männliche Glied bedeutet. Einige Autoritäten, berichtet das Lexikon, vermuten eine Verwandtschaft des gälischen bod mit Buddha, sie erzählen bei dieser Gelegenheit folgende Geschichte, die von einem der Hindu-Paranas herkommt: Während der Flut schlief Bramah und die Zeugungskräfte der Natur waren auf ihre Urelemente zurückgebracht, auf „the Bod und the Pita". The Pita nahm die Gestalt eines Schiffkiels (huff) an und the Bod wurde der Mast. Auf diese Weise wurden sie über den Ozean getrieben (wafted) unter dem Schutz von Vishnu. Die Erzählung ist für mich wichtig, weil das Wort Pita in deutlicher Beziehung zu dem Harn- und Geschlechtsapparat des Weibes erhalten ist: engl. pit = Grube, pitcher = a womans commodity, nhd. Pfütze, lat. puteus =Wasserbehälter, Zisterne, it. pozzo; über die Frage, ob lat. puteo = stinken, puter = faul mit puteus und Urin zusammenhängt, schweigen die mir zugänglichen Werke, wie so oft, wenn irgendwelche Gefahren für das drohen, was anständig heißt; ich nehme an, daß die Verwandtschaft besteht. Wenn so Pita sich erhalten hat, ist es immerhin denkbar, daß der männliche Teil Bod in dem englischen body sein Leben fristet. Wieder klingt in Bod und Pita das Zwiegeschlechtige an: Bod ragend und stark, Pita umhüllend.

Bessere Auskunft gewährt das griechische soma (*σωμα*), das in unsrer Wissenschaft in dem Eigenschaftswort somatisch (Gegensatz zu psychisch) eine fragwürdige Rolle spielt. Homer soll das Wort nur in der Bedeutung Leiche oder besser Aas gebraucht haben; erst später sei es mit dem Sinn Leib, Körper in die Alltagssprache aufgenommen worden. Dem steht entgegen, daß soma aus tvomn — Schwellung (Wurzel teka tvo teva = stark sein, schwellen) abgeleitet und urverwandt mit dem Wort saos (*σαος*) = heil, gesund ist; saos wiederum bildet das Wort soter (σωτηϱ) = Retter, Heiland; soma ist also ebenso wie soter das Schwellende, ohne Zweifel das Männliche. Damit ist der Sinn von soma nur noch mit dem Tode durch die oft erwähnte Tatsache verbunden, daß das Männliche stark und geschwollen ist in der Erregung, daß es aber am Weiblichen stirbt. Man kann sich schwer des Spottes enthalten, wenn man sieht, wie mühsam es für erosvergiftende Kulturen ist, Ausdrücke, Worte zu finden, um die Physis, die Natur seelenlos zu machen, um die edle Seele vom Natürlichen, Sinnlichen zu trennen. Es ist nie gelungen und wird nie gelingen.

Und nun bei dem Wort Physis? Ist etwa physisch und psychisch dasselbe? — Jedenfalls sind es keine Gegensätze. Physisch ist das Adjektiv des Verbums phyo (φυω) = erzeugen. Wie konnte es je einem Menschen in den Sinn kommen, Seele und Geist für das Geschehen des Zeugens zu leugnen, es sei denn, daß er ein Denker war? Physis ist die Zeugung selbst, entspricht ungefähr dem lateinischen Wort natura (nasci = geboren werden), dessen tiefsinnige Bedeutung als Zeugendes so unverwüstlich für das Zerdenken war, daß selbst jetzt noch der deutsche Bauer und Arbeiter den Samenerguß die Natur nennt. — Nicht genug damit, daß man die edle Wissenschaft der Physik eifrig aus der verwandtschaftlichen Nähe der Psyche, der Seele oder wie man dies Ding nun nennen will, zu bringen suchte — der Versuch ist, verständlich genug, endlich aufgegeben worden, im Gegenteil sehen wir die Physiker bemüht, wieder zu beseelen, was man vor kurzem leblos hieß — nicht genug damit, man hat sogar eine Metaphysik erfunden, die noch etwas Höheres sein soll als die Natur selber. Ein geistreicher Spötter, Allan Upward, behauptet, der Ausdruck Metaphysik sei durch den Irrtum eines Buchbinders zu seinen hohen Ehren gekommen: Aristoteles habe, als er seine Schrift über die Physika veröffentlichte, nachträglich ein Bündel Manuskripte gefunden und es an den Buchbinder mit der Anweisung geschickt, es anschließend an die Physika — meta physika (μετα φυσικα) — zu bringen, der Buchbinder habe aber das meta physika für einen neuen Titel gehalten, für etwas ganz Besonderes, was außerhalb aller Physis läge, und so sei aus einem handwerklichen Mißverständnis eine

Wissenschaft entstanden, mit der sich die Denker bis in alle Ewigkeit beschäftigen können.

Es läßt sich nicht ändern: Physis ist nie und nimmer ein Gegensatz zu Psyche—Pneuma, Seele—Geist, anima—animus, das Wort umfaßt wie das Wort Natur die Welt des meinenden Menschen, alles, auch Eros und Psyche, auch Metaphysik und alle Art menschlichen Dünkels. Für das, was außerhalb des Menschlichen sein mag, gibt es nichts andres als das Wort Gott — Goethe hat es nicht ohne den Schein des Rechtes zu Gottnatur erweitert — und von Gott soll man sich kein Bildnis machen noch irgendein Gleichnis, noch soll man sich darüber eine Meinung bilden.

Läßt sich denn gar nichts an dem Wort Physis ändern? Die Etymologie hat es versucht, und was sie darüber sagt, ist, daran zweifle ich nicht, wissenschaftlich gerechtfertigt, jede Einzelheit trägt den Stempel der Wahrheit, nur leider das Resultat ist klein, ja kleinlich. Die Wurzel von phyo—physis lautet bheu, bhu: davon abgeleitet sind außer den vielen griechischen Wörtern, die alle irgendwie etwas von der Zeugung sagen, lat. fui, futurus (Vergangenheit und Zukunft), altind. (altbaktr.) bhu, bhumis = Erde, bhutis = Dasein usw., nhd. bin und — bauen und beim Bauen bleibt es. Ich nehme nicht an, daß gerade die Etymologie auf den seltsamen Einfall gekommen sein sollte, daß dem Menschen das Bauen eher sich zum Worte gefügt habe als das Zeugen; aber die Lexika hinterlassen den Eindruck, als ob man den Unbefangenen dazu überreden wolle, daß — vermutlich zum Besten des famosen Fortpflanzungstriebes — der Mensch der Geschlechtsliebe gepflegt habe, weil er durchaus bauen wollte. Die Sache wird doch wohl umgekehrt gewesen sein. Die symbolische Gleichung Ackerbau — Hausbau und Geschlechtsliebe besteht sicher, aber man kann sich ebensogut, vielleicht besser den Ackerbau und Hausbau als Folge des Eros vorstellen als umgekehrt. So wie es in den üblichen etymologischen Wörterbüchern gehandhabt wird, verbaut sich die Wissenschaft vom Wort den Weg in das Freie.

Dem Laien fällt, wenn er ein lateinisches Lexikon durchblättert, ein Wort auf, das dicht bei futurus = zukünftig steht, das lautet futuor = begatten. Man bringt es — warum weiß ich nicht —

mit dem Wort confuto = schlagen zusammen. Nun ist ja das sanfte, mitunter auch das grausame Schlagen ein Erregungsmittel, das in dem Liebesleben überall gebraucht wird und von jeher gebraucht wurde; man gesteht sich das nicht gern ein, seitdem ein überweiser Nervenarzt diese ganz natürliche und gesunde Neigung, im Liebesspiel Schläge auf den Hintern zu geben, für krankhaft und widernatürlich erklärt hat; daß alle Mütter bei ihren Säuglingen die Zeremonie des Waschens mit einem Klitschen auf das „süße Popochen“ beenden, daß sie das schreiende Kind, wenn sie es durch Wiegen auf dem Arm zu beruhigen suchen, hintendrauf klopfen, daß das männliche Glied vor noch nicht langer Zeit allgemein die Rute genannt wurde, daß alle Kinder erotisch betonte Schlagspiele betreiben, daß das Klosett vor kurzem ein gemeinsamer Zufluchtsort für mehr oder weniger tiefsinnige Unterhaltungen war und noch in vielen Gegenden ist — man kann in Gegenden hoher Kultur, wenn auch geringer Zivilisation drei, vier, ja zehn dicht nebeneinander stehende Abtrittsbrillen zählen, und in diesen Familienklausen gibt es keine falsche Scham, jeder tut offen, was er kann —, das alles bedeutet nichts gegenüber den beiden inhalts- und gedankenlosen Wörtern Sadismus und Masochismus. Man sieht, ich unterschätze die engen Beziehungen der Lust zu dem Schlagen nicht, trotzdem kann ich dem Wunsch der Etymologen, das Begatten ganz aus dem Schlagen abzuleiten, nicht Gehör geben, muß vielmehr darauf bestehen, daß der Begattungsakt auch ohne Hauen bestehen kann, daß also das Wort confuto = schlagen von futuor = begatten abgeleitet sein muß und nicht umgekehrt. Wie sich bei näherem Zusehen herausstellt, meint es die Etymologie auch nicht so ernsthaft, sie versteckt ihre Meinung nur, weil sie Angst hat, im Namen des merkwürdigen Krafft-Ebing für pervers erklärt zu werden. Ihre wirkliche Meinung lernt man erst kennen, auch nur nach Überwindung vieler kunstvoll aufgebauter Hindernisse, wenn man im lateinischen Lexikon statt des Buchstabens „f“ den Buchstaben „p“ aufschlägt, genauer die Buchstabenfolge „pu“. Auch da gibt es noch allerlei Hilfsmittel, um das „pudendum“ des Eros zu vermeiden, aber es hilft alles nichts, dieses pudendum („Mensch schäme dich“) kann bei seiner allgemein anerkannten

Stammverwandtschaft mit puer = Knabe, puella = Mädchen, pubes = Geschlechtsteile die enge Beziehung zu puteo = stinken, puteus = Brunnen (Pfütze) nicht ableugnen, und bei dem harmlosen Wort puppis = Schiffshinterteil gesteht selbst der Etymologe ein: dieses Wort lebt heutigen Tages noch weiter in den Wörtern „Fut“, „Fotze“, „pupen“ usw. Ursprünglich scheint sich die Wurzel puh — ich nehme etwas willkürlich an, daß futuor, phyo, physis usw. dieser Wurzel ebenso entstammen wie puteo, pubes, pudendum und sogar puto = ich glaube — auf den weiblichen Geschlechtsteil bezogen zu haben, ist dann aber auch auf den Hintern übertragen worden, vielleicht auf dem Wege des puteo = stinken. Man sollte wissen und nicht vergessen, daß stinken erst spät die Bedeutung von Schlechtriechen angenommen hat, daß es früher dasselbe wie duften war und ebenso den Blumenduft wie den Gestank des Furzes bezeichnete. Und es ist keine Frage, daß gerade das weibliche Geschlechtsorgan beide Eigentümlichkeiten hat und gebraucht, durch den Geruch anzuziehen und abzustoßen. Die Zwiespältigkeit alles Weiblichen, die uns Männern rätselhaft vorkommt, ist eben Natur des Weiblichen. Wir sollten es nicht zu verstehen suchen, sondern es anerkennen.

Die verschiedenen Formen, in denen das Wort fut und seine Ableitungen in allen modernen Sprachen Europas vorkommen, stets in der Doppelbedeutung des Hintern und des weiblichen Genitales, also vielleicht des Begriffs Öffnung, Loch, gestatten es nicht, sich mit den kümmerlichen Mitteilungen der Lexika zu begnügen: die Phantasie muß suchen gehn. Denkbar wäre, wenigstens für den Laien, eine Verbindung mit „feucht“, das ahd. fuht, asächs. faht hieß. Denkbar sind aber auch Beziehungen zu lat. fetus = Leibesfrucht und fetor = Gestank; gerade der Geruch beim Wochenbett könnte zu der Verbindung von Gestank (Duft) und weiblichem Genital geführt haben. Es läßt sich nachweisen, daß die Natur den Geruch des Wochenbetts benutzt, um die Geschlechtsbindung des Kindes an die Mutter zu lösen. Das Schwedische bringt in den Wörtern fätta, fitta das weibliche Geschlechtsorgan in die Nähe von födelse = Geburt; auch föda (füttern) gehört dahin, denn wirklich besteht ja nur während der Schwangerschaft ein Zwang, daß das Kind von der Mutter gefüttert werden muß, und das wird den sprachschaffenden Kräften ebenso bekannt gewesen sein wie uns.

Auffallend sind einige Beziehungen zu Ficke (schwed. ficka) = Tasche, das im ndd. Dialekt fudk, föbke, auch wohl fuppe heißt und sicher zu dem Ausdruck ficken = begatten gehört. Von dort aus ist es nur ein Schritt bis zu dem Wort Feige (ficus), das eine so seltsame Rolle in der vulgären und symbolischen Erotik spielt. Auch „Fuß" könnte in Beziehung zu der aus menschlichen Urphänomenen geborenen Wurzel pu- stehen.

Nimmt man an, wie ich es oben tat, daß „feucht" mit der Wurzel pu- zusammenhängt, so ergeben sich daraus einige verlockende Phantasien für das etymologisch etwas rätselhafte Wort der Lateiner für Weib „mulier". Die Sanfteren unter den Sachverständigen bringen das Wort in Verbindung mit „mollis = weich, zart"; es gibt aber auch realistische Naturen unter den Sprachgelehrten, und die behaupten, mulier komme von einem Adjektiv „mudos" = „naß" (gr. mydos, *μυδος* = Nässe, Fäulnis, mydaleos, *μυδαλεος* = feucht, mydaino, *μυδαινο* = bewässern; engl. smud und mud; nhd. Schmutz und Moder; air. mutram, mir. mun = Harn). Man sollte denken, daß das Phänomen der Feuchtigkeit des Weiblichen ebenso auffallend zur Zeit der Sprachbildung gewesen sein muß wie das Weiche, jedenfalls aber hat die Erscheinung des Feuchtwerdens erregende Wirkung auf den Menschen. Es ist merkwürdig, daß Walde den Zusammenhang von siz. myllos (*μυλλος*) = pudendum muliebre, gr. myllo (*μυλλω*) = beschlafen, myllas (*μυλλας*) = Hure mit mudos als zufälligen Gleichklang ablehnt; er führt diese Wörter auf molere = mahlen zurück, das auch das Verbum von mollis ist und die Wurzel melax hat. Hier kommen mir allerlei komische Einfälle. Wenn mollis tatsächlich etwas mit Mahlen zu tun hat, so muß es das Zermahlene sein, mollis wäre das, was beim Mahlen weich wird, und das ist nicht oder wenigstens nicht zwingend Weibliches, wohl aber das harte Männliche, das zwischen dem Weiblichen zerrieben wird; mulier wäre dann das Schwächende, der Mühlstein gewissermaßen (gr. amalthyno, *αμαλθυνω* = schwächen). Verwandt — so führt Walde weiter aus — sei vielleicht auch idg. smeld = schmelzen, und zu dieser Wurzel gehöre ahd. malz = hinschmelzend, kraftlos, gr. blenna (βλεννα) = Schleim, blennos (βλεννος) = verdummt, mir. blind = eines toten Mannes Speichel, ai. Mandah = Schleim, vimradati = erweicht, gr. bladaros (βλαδαρος) = schlaff und dgl.

Der Laie in diesen Dingen kann kaum dem Gedanken ausweichen, daß das Wort mulier, mag es nun mit mollis oder mit mudos zusammenhängen, seinen Ursprung in dem Liebesspiel des Männlich-Weiblichen hat.

Vielleicht fördert es die Untersuchung, wenn ich mich mit den sprachlichen Ausdrücken für das Weibliche beschäftige. Im Lateinischen heißt femina das Weib: es wird abgeleitet von dem Verbum felare = säugen, saugen (stammverwandt gr. thao [θαω] = saugen, thele, themene [θηλη, θημενη] = an der gesogen wird). Das Zwiegeschlecht ist betont, denn der Saugakt ist im Symbol die Vereinigung des weiblichen Mundes mit der männlichen Brustwarze (gr. mazos [μαζος], mask. Wurzel mad — strotzen — triefen, medea [μηδεα] = Scham, aidoia [αιδοια] = Schamteile); die überall verbreitete Liebessitte des Saugens am Gliede wird wissenschaftlich felare genannt.

Das Wort femina stammt aus der nährenden Tätigkeit des Weibes dem Kind gegenüber. Im Griechischen ist das Wort gyne (γυνη) =Weib gebräuchlich, es gehört zu dem Stamme gen — nachträglich ist es bei den Mitteilungen über gony (γονυ) = Knie einzufügen — theleia (θηλεια) = Weibchen, das zu dem oben erwähnten femina gehört, wird angeblich nur von Tieren gebraucht; Männlich-Weiblich und Kindlich-Mannbar sind in beiden Wörtern enthalten.

Das deutsche „Frau" ist femininum zu ahd. fro = Herr, das idg. p̂rw = der erste geheißen hat, es ist also die führende Stellung und nebenbei das Zwiegeschlechtige hervorgehoben. — Bei dem Worte Weib hat mich die Etymologie im Stich gelassen. Kluge hält den bequemen Zusammenhang mit dem griechischen oiphein (οιφειν), lat. futuo = begatten, für zweifelhaft, er schlägt eine Beziehung zu skr. vip = begeistert sein vor; damit würde es dem Sinne nach in die Nähe des griechischen mantis—mainomai

= Seher, rasen rücken. Der Engländer Weekley bringt es zusammen mit anord. vifadhr = die Verschleierte, Verhüllte. Wenn diese Ableitung richtig ist, stützt sie einige Mitteilungen, die ich sogleich machen werde. Vorher möchte ich noch erwähnen, daß das englische quean und queen, sowie schw. kvinna = Frau zu dem bekannten Stamm gen gehören.

Ich habe schon mehrfach darauf aufmerksam gemacht, daß der Begriff des Umhüllens, der Höhle mit dem Begriff weiblich verbunden ist; vor allem symbolisiert sich darin das Ewig-Weibliche, das uns hinanzieht. Die Betrachtung einiger Bilder möge zeigen, wie das gemeint ist.

Ich zeigte einmal einer einfältig klugen Frau die Maria mit der Sternenkrone, wie sie Dürer in Kupfer gestochen hat (Taf. 4). Sie sah das Bild lange an, dann sagte sie: „Es gibt keine Weiber, es gibt nur das Weib.“ Jeder, der den Stich aufmerksam betrachtet, errät, warum diese Frau solch eine tiefe Weisheit, die allen Frauen bekannt ist, die sie aber nie anerkennen, beim Anblick der Maria mit der Sternenkrone aussprach: die Strahlen, von denen die Mutter Gottes umgeben ist, sind die Öffnung einer andern Mutter, aus der Maria mitsamt dem Kinde geboren wird. Das Weib beginnt nie und hört nie auf. Das Weib wird als Mutter geboren, das ist der Sinn der Maria im Strahlenkranze. Mutterschaft ist immanente Eigenschaft des Weiblichen; das Weib wird nicht Mutter, sie ist immer Mutter, körperliche Vorgänge der Schwangerschaft und Geburt haben nichts damit zu tun. Daß man nur die Frauen Mütter nennt, die ein Kind geboren haben, ist ein Irrtum des irrenden Menschen. In Wirklichkeit ist Mutter das umhüllend Weibliche, mit dem Moment der Geburt hört die Frau auf, Mutter gerade dieses einen Kindes zu sein: sie wird seine Ernährerin, Führerin, Freundin, Geliebte, wird Weib diesem Kinde gegenüber, das sie geboren hat.

Das Weib ist nie selber Kind, ist nie selber Greisin, nie Person — Person heißt Maske, und nur der Mann ist eitel genug, etwas durch die Maske vorzutäuschen, was er nur selten ist, Mann —; sie ist immer „das Weib“, mag sie auch Form und Einzelerscheinung wechseln; sich selbst, ihrem Weiblichen ist sie immer treu, mag sie auch noch so oft lügen. Bei der Dürerschen Maria ist das Ewige und Einzige des Weibes doppelt betont: wie ihre Gestalt aus dem Weibesschoß fertig hervortritt, so ist ihr Haupt mit der Sternenkrone — Symbol der Vereinigung von Mann und Weib — von einem zweiten mütterlichen Strahlenkranze umgeben. — Auf dem Arm trägt Maria den Knaben, das Männlich-Kindliche, Symbol des Zwiegeschlechts. Und wie so häufig steht Maria auf der Mondsichel, diesem doppeldeutigen Sinnbild der Schwangerschaft und der männlich schwellenden Kraft, sie fußt auf dem kurzen Augenblick des Mannseins während der Vereinigung und auf der Empfängnis, die sie dem Sieg über den Mann verdankt: am Saum ihres Gewandes hat Dürer den Besiegten dargestellt, im Stich kaum sichtbar. Dürer besaß wie Goethe den Blick für das Symbol und war wie Goethe voll von schalkhaften Einfällen. — Das Doppelgeschlecht des Mondes beweist der Sprachgebrauch: dem Deutschen ist er männlich, den Romanen ein Weib; man könnte fast annehmen, daß uns die Einsicht in das Ewige des Weibes, der Sonne, vertrauter ist als andern Völkern, die gern glauben, der Mann sei Mann, während er in Wirklichkeit Knabe ist und nur durch das Weib Mann wird.

In andrer Form hat Leonardo das Problem des Ewig-Weiblichen gelöst, in der heiligen Anna selbdritt, die im Louvre hängt. Maria sitzt auf dem Schoß ihrer Mutter Anna und hält das Christuskind beim Spiel mit dem Lamm. Die zwei Frauenkörper sind aufs engste miteinander verbunden und nur lose mit der Gruppe des Kindes und Lamms vereint; besonders merkwürdig ist der Kunstgriff, das Ewig-Weibliche dadurch unabhängig von dem Mannbarkeitsalter, der Geschlechtsreife zu machen, daß die Augenbrauen fortgelassen sind. Das Auge ist ein wichtiges Muttersymbol und Zeugungssymbol, wobei die Augenbrauen als Zeichen der Geschlechtsreife gelten. Allerdings war, wie es scheint, das Ausziehen der Augenbrauen in der letzten Renaissancezeit Mode, aber es sind Gemälde von Leonardo da, in denen er die Brauen mitgemalt hat. Im übrigen würde die Bedeutung der Tatsache sich nur von dem Bewußten oder Unbewußten des Leonardo auf das Unbewußte des Zeitalters verschieben, denn sicher sind solche Moden Äußerungen des vorherrschenden unbewußten Meinens. Damit soll nicht gesagt sein, daß die Idee des Ewig-Weiblichen das einzige ist, was sich in dem Ausreißen der Augenhaare ausdrückt.

Die Art, in der Dürer verfahren ist, wurde gerade bei Madonnenbildern viel verwendet, Mutter und Kind sind häufig von Licht- oder Strahlenkreisen umgeben. Unter Umständen treten an Stelle des Lichts andre Symbole der Mutterschaft, des Weiblichen, in dessen Machtbezirk Maria hineingemalt ist. Holbein hat seine Madonna in eine Nische gestellt, deren Abschluß die Muschel der Venus ist. In Michelangelos Menschenschöpfung ist es der flatternde Mantel des anstürmenden Gottes. In der Sixtinischen Madonna schreitet Maria aus einem Vorhang heraus, der sich vor ihr teilt und den Blick auf ein zahlloses Heer von Kindern frei läßt. Am meisten, nicht bloß bei Madonnenbildern, wird bei der Darstellung des Weiblichen die Höhle oder das Gewölbe verwendet; auf die sprachlichen Beziehungen von Höhle, wölben zum Weiblichen komme ich gleich zu sprechen. Hier möchte ich nur noch kurz ein andres Bild Leonardos erwähnen, die Madonna vor den Felsen. Das Gemälde ist ausgefüllt von Symbolik wie alle berühmten Werke der Kunst. Maria schiebt mit sanftem Druck Johannes den Täufer, der ein typisches Symbol des kindlich-männlichen Schicksals ist (Wassertaufe — Urin und Enthauptung — einen Kopf kürzer machen durch den Tanz des Weibes, die beiden Funktionen des Geschlechtsteils klingen an), zu dem Christuskinde hin. Bezeichnend ist dabei, daß Johannes die beiden Hände zur Vereinigung faltet, während das Christkind die Schwurfinger — testes — ter sto erhebt; der Engel streckt den Zeigefinger straff aus. Der Blumenschmuck, Akeleien, Schwertlilien und eine einsame Lilie, betonen, wie alle Blumen, so diese besonders das Zwiegeschlecht. Und nun hinter der Madonna wölben sich Felsen zu zwei Bogen, durch die hindurch der Blick zum Strome gleitet in weite Fernen, die andre Felsmassen abschließen. Der Fluß ist im Symbol lebendiges Leben, Vergangenheit, Gegenwart und Zukunft des Menschlichen, Schwangerschaft. In die beiden weiblichen Bogen ragen zwei Felsenpfeiler — Phalli — hinein: die Landschaft ist wie alles andre in dem Bilde ein Hymnus auf das tief menschliche Wort des Menschensohns: Ehe denn Abraham war, bin ich, ein Preisen der Dauer des Lebens durch das empfangende und gebärende Weib.

Warum gerade Höhle und Gewölbe als Symbole des Weiblichen benutzt werden, braucht kaum erörtert zu werden: die Beziehung der Höhle zum Mutterschoß, zu der Bauchhöhle, im besonderen zu der Gebärmutter sind ohne weiteres verständlich, und ebenso gibt die Schwangerschaft Auskunft über das Gleichnis der Wölbung. Höhle als Wort öffnet aber so reiche Ausblicke auf wichtige Lebens- und Symbolgebiete, daß sich eine kurze Erwägung lohnt. Die Wurzel von Höhle ist nach Kluge „hel", erweitert aus „kel" mit der Bedeutung umhüllen, verbergen; die Wurzel führt weiter zu „cve, cvo, ceve, cave, cu". Im Deutschen finden wir ebenso wie im Lateinischen und Griechischen eine Menge Ableitungen, von denen ich zunächst Hülle erwähne; daran schließt sich stammverwandt das Wort Hütte, und sofort begreift man von da aus wieder, daß die Ursprünge des Hausbaus, der Tempel- und Kirchengebäude im Wesen des Weibes zu suchen sind; wenn auch eine Sprachverwandtschaft von Haus und Höhle nicht angegeben wird, bleibt doch die Tatsache, daß ein jeder zunächst im Schoße seiner Mutter wohnt. Die Betrachtung der Tierbauten, die ja auch unter dem Zwange des Männlich-Weiblichen und Kindlich-Mannbaren stehen und oft den Vergleich mit den Schöpfungen unsrer Architektur aushalten, lehrt entweder, daß der Hausbau nichts mit dem Denken zu tun hat, oder daß den Tieren auch die Gabe des Denkens zuzusprechen ist. — Das deutsche Wort Kirche zeigt auch sprachlich noch seine Herleitung vom Weiblichen, es stammt aus dem griechischen kyrikos (*κυϱικος*) = „das dem Herrn — kyrios (*κυϱιος*) Gehörende", und kyrios ist Ableitung von kyeo (*κυεω*) = schwanger sein. Die Auffassung der Kirche als Braut Christi, als reine Magd ist sprachlich ebenso gerechtfertigt wie der sinnige Ausdruck „Schoß der Kirche"; in den allegorischen Gemälden der Magd Kirche kommt das Umhüllende in Gestalt des weiten schützenden Mantels zum Vorschein. Ich möchte hier gleich anschließen, daß auch die kirchlichen Begriffe Himmel und Hölle dem Vorstellungskreis vom Weiblichen angehören, der eine durch die unbewußte Erinnerung an das Paradiesesleben im Mutterleib und die unbewußte Sehnsucht nach diesem Mutterleibe, die andre mit dem Weiblichen verknüpft durch den merkwürdigen Haß aller Menschen gegen ihre Mütter, eine Erscheinung, auf die ich oft zurückkommen werde. — Deutlich sprechen sich diese Beziehungen der Kirche in der Architektur aller Stile aus — das gilt natürlich ebenso von den Hausbauten, ja auch von den Brücken und Straßen —; dabei muß allerdings erwähnt werden, daß dieses Weibliche nirgends rein, absolut auftritt, sondern immer dem Menschlichen, das heißt der Tatsache des Menschlichen als dreieinigen Wesens, Mann—Weib—Kind, untergeordnet ist. Daß der Acker- und Gartenbau, überhaupt alles, was mit dem uralten Wort „bauen" zusammenhängt, mit in den menschlich-weiblichen Kreis gehören, versteht sich von selbst.

In diesem Augenblick, wo ich so ausgedehnte Lebensgebiete — ich hoffe, nicht ohne eine gewisse Billigung des Lesers — für die Meinung beanspruche, daß Körper und Geist-Seele dasselbe sind, Äußerungsformen des Es, daß es also ein Leib-Seelen-Problem nicht gibt, greife ich auf meinen Beruf als Arzt zurück und äußere meine Verwunderung, daß man immer noch in der Theorie vom Ärzten an einem erdachten Grundunterschied zwischen physischer und psychischer Behandlung festhält. Für die Praxis ist oder sollte wenigstens kein größerer Unterschied zwischen Physisch und Psychisch sein als zwischen Rheinwein und Moselwein.

Aus der Wurzel hel (Höhle, Hülle), kel, cve stammt im Lateinischen cavus, dessen Ableitungen teils die Schlüsse aus dem Deutschen bestätigen — inciens, das zu cavus gehört, heißt schwanger —, teils weiterführen. Bemerkenswert ist da das Wort caulis = Kohl, das ursprünglich einen hohlen Pflanzenstengel bedeutet; hier ist die enge Verwandtschaft und Untrennbarkeit des Symbols Männlich und Weiblich besonders deutlich, da der hohle Stengel zum Männlichen führt, während caulis = Kohl und das abgeleitete Wort cumulus = Hügel ebenso stark das Weibliche betonen.

Im Griechischen liegen die Verhältnisse ähnlich. Als Ausgangswort nehme ich das vorhin genannte kyeo = schwanger sein (dem lat. inciens entsprechend). Kyar (*κυαϱ*) heißt das Loch, kothon (*κωϑων*), kyathos (*κυαϑος*) und kylix (*κυλιξ*) = der Becher, was wegen der Verbindung Trinkgefäß, einschenken, trinken mit dem

Zeugungsakt wichtig ist. Kyma (κυμα) ist die Welle: die Verbindung ist in der Symbolik des Meers als Mutter der Aphrodite, der „Schaumgeborenen", zu suchen. Ich komme auf diese Sache zurück. Kyma ist Macht (potentia, männliche Potenz).

Von der Wurzel hel, kel stammt auch das griechische kalypto (καλυπτω) her (verhüllen). Die zeitlich und räumlich verbreitete Sitte, das Weib zu verhüllen, hat seine tiefe Berechtigung in der Natur des Weiblich-Menschlichen, dessen Wesen Geheimnis ist; die Tatsache, daß die Kennzeichen des weiblichen Liebens, Tragens und Gebärens beim Menschen verborgen sind, ist das Fundament des Weiblichen, sie enthält in sich zugleich das verendum (das Ehrwürdige) und das pudendum (das Schimpfliche). Verendum hängt mit dem Begriffskreis des Sehens (gr. horao), pudendum mit dem des Geschlechts (pubes) zusammen.

Zu dem Wort kalypto gehört kalix (καλιξ) = Knospe, das in gerader Linie zu den Lebenskeimen und zu der Welt des Sehens (Auge der Pflanze) führt. Ich meine, daß man all diese Sprachzusammenhänge nicht sorgsam genug betrachten kann, wenn man dem Menschlichen wirklich nahe kommen will.

Natürlich liegt in dem Stamm hel, kel, dem Worte kalypto und der Sitte des Schleiers auch das Beschützen, Bewahren, Bewachen, was ja für alles Ehrwürdige Forderung ist (bewahren hängt mit horao zusammen). Auch unser deutsches Hülse, Abkömmling der Wurzel hel, gehört in diesen Sinnkreis.

Neben dem Verhüllen steht das Verhehlen, Hehlen, was zu dem lateinischen celo = verhehlen überleitet; zu diesem Wort stehen u. a. clam = heimlich, color = Farbe und cilium = Wimper in Verwandtschaft. Das englische clam bedeutet die Venusmuschel, als Verbum ist es klebrig machen, feucht sein; trotzdem die Sprachforscher mir keinen Anhalt dazu geben, nehme ich an, daß eben die feuchte Venusmuschel mit dem lateinischen clam—celo etwas zu tun hat: die Muschel ist Attribut der Venus und wird als Wort in allen Sprachen Europas zur Bezeichnung des weiblichen Geschlechtsorgans gebraucht; auch das deutsche klamm = feuchtkalt und die Klamm = enger feuchter Felsspalt vermag ich nicht von dem lateinischen clam zu trennen. Es ist wahrscheinlich, daß auch die Antike eine Vulgärsprache und eine Sprechweise der Geschlechtsliebe hatte. — Die Sinnbeziehung zwischen celo und color wird darauf zurückgeführt, daß die Farbe verhüllt, ebensogut läßt es sich als etwas Verhehlendes auffassen. Das wird deutlich, sobald man annimmt, daß dem primitiven Lateiner ebenso wie uns das Phänomen des Sichverfärbens, des Errötens und Erblassens auffiel; er wird es auch mit dem Gefühl der Scham zusammengebracht haben, der Scham, deren Wunsch es ist, sich zu verstecken. Vermutlich wußte aber der Primitive besser als der Moderne, daß das Erröten der Kinder und Frauen ihre Schwäche verstecken soll: der Mann wird rot, wenn er in Zorn gerät, wenn er gefährlich wird, und das ahmt das schwache Es nach, es tut so, als ob es männlich, gefährlich wäre. Bei Menschen, die an krankhaftem Erröten leiden, läßt sich dieser Zusammenhang leicht nachweisen. Der Vorgang beruht auf dem Symbol: das auszeichnend Männliche, sein Geschlechtszeichen, das Zeichen seiner Kraft und Waffenfähigkeit füllt sich bei der Erektion, beim Mannwerden mit Blut, und diese Erektion wird im Moment des Schämens nachgeahmt im Symbol; ich werde später darauf zurückkommen, daß die aufrechte menschliche Gestalt Symbol der Erektion ist, wobei der Kopf die Rolle der Eichel übernimmt. — Cilium (Wimper) endlich beweist in dem Zusammenhang mit celo, daß unbefangene Zeiten erkannt hatten, daß eine Haupttätigkeit des Auges das Verdrängen, das Sich-selbst-etwas-verhehlen ist; das griechische blepharon (*βλεφαρον*) = Lid, blepharis (*βλεφαρις*) = Wimper hängt mit dem Begriff Höhle zusammen. Das Nähere darüber wird unter den Mitteilungen vom Auge und Sehen gesagt werden.

Zur Illustration der Meinung, daß clam = Muschel mit den Liebesvorgängen vom Unbewußten zusammengebracht wird, berufe ich mich wieder auf das Botticellische Gemälde in Florenz, die Geburt der Venus: die Göttin steht auf der Muschel.

Ein wichtiges Attribut der Aphrodite-Venus ist der Delphin (delphis, *δελφις* = Fisch mit gewölbtem Rücken): delphys (*δελφυς*) ist die Gebärmutter, adelphos = Bruder, adelphe = Schwester. Das Wort ist abgeleitet von der Wurzel ghelbo = aushöhlen (gr. glapho, *γλαφω*), von dem auch das obenerwähnte blepharon herkommen soll. In der griechischen Plastik ist der Aphrodite fast regelmäßig der Delphin beigegeben. Der Fisch ist Symbol des Knaben und — natürlich — des Männlichen an sich. Ob der gewölbte Rücken für die Wahl des Delphins als Attributs der Venus, wie Sprachforscher annehmen, maßgebend war oder ob die Antike über den Charakter des Delphins als Säugetier Bescheid wußte und ihn als zwiegeschlechtliches Symbol verwendete, weiß ich nicht. Jedenfalls ist schon hier eine Art Übergang zu dem Begriff Wölbung da.

Die Ableitung des Wortes wölben, Gewölbe führt nach Kluge zu dem Wort walbjan, weiter geht es nicht; in der deutschen Etymologie merkt man oft, daß das endlose Grimmsche Wörterbuch immer noch nicht vollendet ist. Man wäre hilflos, namentlich wenn man nach einer Verbindung zu lat. volva (Gebärmutter) sucht, wenn nicht Waldes lateinisches Lexikon Dienste leistete. Walde leitet das Wort volva — vulva von volvo = wälzen ab, gleichzeitig behauptet er, daß mit volvo auch das Wort walwjan = wälzen zusammenhinge. Von wölben spricht er nicht, ich meine aber, walbjan und walwjan müsse dasselbe sein; dann wäre volva geradezu das Gewölbe, was für ein Gebilde wie die Gebärmutter gut paßt. Warum die Wissenschaft den Ausdruck vulva für das weiter außen Liegende des weiblichen Geschlechtsteils braucht und nicht mehr für die Gebärmutter, weiß ich nicht, vermute aber, daß sich volva und valva = Tür — einer weiteren Ableitung von volvo — assoziiert haben; ich erwähne das, weil der Begriff und die Tatsache Tür eine große Bedeutung für die organischen Erkrankungen, namentlich bei dem weiblichen Geschlecht hat. Tür als Symbol des Öffnens und Schließens, Klaffens und Sichklemmens, des Dichten und Undichten bedarf keiner Erklärung. Im Griechischen hängt das Wort elytron (ελυτϱον) = Hülle, Futteral mit dem Stamm vel — volvo zusammen und ebenso eilyma (ειλυμα) = Wickeltuch, auch Gebärmutter. Wenn damit die Verbindung zur Geburt und Säuglingspflege hergestellt ist, so bringt hwitfri = Sarg, das zu Gewölbe gehört, den Begriff Tod und Grab dem Begriff Gebärmutter, Zeugung nahe. Die Idee, das Sterben als eine Geburt aufzufassen, die Auferstehung (resurrectio) dem Tode folgen zu lassen, spricht sich darin aus (resurrectio könnte auch die Fähigkeit des Mannes sein, nach dem Sterben der Erektion im Weibe von neuem zeugungskräftig zu werden).

Obwohl ich befürchten muß, daß die weite Ausdehnung des Weiblichen schon jetzt ermüdend wirkt, muß ich doch noch zwei Begriffskreise erwähnen, in denen das Meinen vom Weiblichen in Gesunden und Kranken wirkt: Erde und Meer. „Der Schoß der Erde" beweist an sich schon, wie eng die Verbindung ist; die allerdings unsichere Ableitung des Wortes Erde von der Wurzel ar = pflügen, lat. arvum = Ackerland bestätigt das; terra (Erde) scheint nicht damit verbunden zu sein, und über das griechische ge (γη) schweigt die Sprachforschung. Dagegen gibt es in dieser Sprache ein Wort eraze (ερaζε) = zur Erde hin, für das Verwandtschaft mit Erde beansprucht wird. Übrigens wird ja wohl von der ganzen Menschheit die Erde als Mutter alles Lebens aufgefaßt.

Zum Meer führt ein lateinischer Ausdruck für Gebärmutter „botulus"; mit ihm hängt das griechische bythos (βυθος) = Meerestiefe zusammen. Aphrodites Geburt aus dem Schaume des Meers ist bekannt. Persönlich glaube ich — allerdings ohne wissenschaftliche Berechtigung —, daß Meer, lat. mare, franz. mer auf das engste mit mater wortverwandt ist (Mutter, gr. meter, μητηρ), und wenn das nicht richtig ist, so werden Meer und Mutter (franz. mer und mère) heutigentages jedenfalls vom Unbewußten identifiziert; das beweist fast jede genau durchgeführte Krankenuntersuchung.

4

Wenn die Lateiner die Stärke des Männlichen hervorheben wollten, sprachen sie von einem „vir", die Griechen hatten dafür das Wort „aner (αvηϱ)". Hat das Deutsche nichts, was dem entspräche?

Ich habe mich lange damit herumgequält, was nicht nötig gewesen wäre, wenn ich geübter Fachmann wäre; Spaßes halber, dem nicht ein gewisser Ernst fehlt, teile ich hier mit, wie ich die Antwort auf die Frage fand. Ich war im Begriff, aus einer Blechschachtel eine kleine Zigarre zu nehmen; auf dem Deckel des Kästchens war das Bildnis Karls des Ersten von England dargestellt: plötzlich wußte ich, daß der entsprechende Ausdruck bei uns Nordländern „Kerl" ist. Das Wort (ahd. karal, schwed. karl) bezeichnete und bezeichnet in vielen Verbindungen noch heute den Mann in voller Manneskraft, den Geliebten (angs. ceorlian = heiraten); prachtvoller Kerl oder „das ist mal ein Kerl, Hauptkerl" sind ebenso gutes Deutsch wie „Saukerl". Besonders deutlich tritt die Geschlechtsbedeutung darin hervor, daß der Ausdruck Kerl im täglichen Leben als Bezeichnung für den leistungsfähigen Geschlechtsteil gebraucht wird, auch „Kerlchen". — Auch das Wort „Held" scheint seine Entstehung der Kraft des männlichen Geschlechtsgliedes zu verdanken, es hängt mit caleth, calath = hart zusammen.

Vielleicht ist es bemerkenswert, daß der Name Karl, der dasselbe ist wie Kerl, so häufig als Königsname gebraucht worden ist, ja zu Zeiten fast wie ein Königstitel auftrat. — Schon hier möchte ich auf die Tatsache hinweisen, daß der Name des Menschen für ihn und sein Leben wirksame Folgen hat; die Karle unter den Königen treten oft durch besonders glänzende Leistungen hervor, sind echte Kerle, oder sie fallen, gemäß der erniedrigenden Bedeutung des

Worts, durch ihre Unfähigkeit auf. Über die Zusammenhänge des Königtums mit der Geschlechtskraft zu sprechen, werde ich Gelegenheit finden.

Das vorhin erwähnte Wort „Held“ weckt die Erinnerung an das im Mittelhochdeutschen, aber auch in der jetzigen Zeit gebrauchte Wort „Recke“. Es ist, soweit ich bei den Sachverständigen feststellen konnte, erst spät zu der Bedeutung starker Krieger gekommen, ursprünglich soll es eine Bezeichnung für den Einsamen, Vertriebenen, Umherschweifenden gewesen sein; noch spät tritt es im Schweizer Idiom als rek = Landstreicher auf, und das englische wretch = Lump (angels. wrekka = Flüchtling) beweist, wie stark dieser Sinn des Worts einmal betont gewesen ist. Auch unser deutsches „Rächer, Rache“ stammt von derselben Wurzel. Damit ist eine Seite des Männlichen, des Helden, Kerls betont, die grundsätzliche Bedeutung als gegensätzlich zu dem Weiblichen hat, die tiefe Einsamkeit des Mannes und seine merkwürdige Hilflosigkeit, sein Hilfsbedürfnis einfachen Tagesereignissen gegenüber. Die kindliche Natur des Mannes, die sich so deutlich in dem Verhalten seines Geschlechtsteils außerhalb der Erregungszeiten zeigt, macht es begreiflich, daß dasselbe Wort für den Helden und den Elenden gebraucht wird; der Mann ist eben ein Anderer — elend bedeutet der Andere, lat. alius, engl. else, der Vertriebene, anders Geartete —, ein Zweifacher, Kerl und Kerlchen, Riese und Zwerg, je nach dem Zustande seines Gemüts.

Für meine Art der Betrachtung besteht kein Zweifel, daß die Begriffe Riese — Zwerg dem Phänomen der Erektion und der Erschlaffung entnommen sind: in gleicher Weise müssen die Gegensätze von Kind (auch dem ungeborenen) und Erwachsenen gewirkt haben: dazu kommen noch die Bergeshöhen, verglichen mit ganz niedrigen Bodenerhebungen (Maulwurfshügel). Könnte man das Wort Recke mit „recken“ zusammenbringen, so hätte man eine neue Stütze für den Versuchsbau einer Brücke zwischen Symbol und Sprache, ja Leben. Aber Recke (zu einem hypothetischen got. wrakja gehörig, got. wrikan = verfolgen) hat nichts mit recken (lat. porrigo, gr. orego [ορεγω], nhd. recht) zu tun; allerdings darf man annehmen, daß der Wiederentdecker des Worts Wieland eher dem Gleichklang und der Sinnesähnlichkeit der beiden Wörter Recke und sich recken gefolgt ist als der vergessenen Verbindung Recke — Vertriebener. Wieland entnahm das Wort, das aus dem Sprachschatz verschwunden war, den Heldengedichten des Mittelalters, und dort wird Recke vielfach gleichbedeutend mit Riese gebraucht.

Damit wird eine nähere Betrachtung des Gegensatzes von Riese und Zwerg ratsam. Ich sagte oben, daß ich dabei den Zusammenhang mit den Vorgängen der Erotik für erwiesen halte: Kämpfe zwischen Zwerg und Riese, wie sie so oft in den Sagen aller Zeiten besungen werden, enden mit dem Siege des unscheinbaren, uralten Zwerges, der mit geheimnisvollen unwiderstehlichen Kräften begabt, den täppischen Riesen trotz dessen übernatürlicher Stärke überwindet (Riese verwandt mit sanskrit. vrsan = männlich, kräftig); das entspricht der Tatsache, daß jede Erektion in der Erschlaffung zusammenbricht. Daß der Riese nicht selten von dem siegenden Zwerg (Knaben) einen Kopf kürzer gemacht wird, beleuchtet eigentümlich die Zusammenhänge der Strafen — hier des Enthauptens entsprechend dem Verschwinden der Eichel in der Vorhaut bei der Erschlaffung — mit Geschlechtsvorgängen; ich habe darauf bei anderer Gelegenheit hingewiesen.

Zu demselben Stamm wie Riese scheint gr. rheon ($\varrho\varepsilon o\nu$) = Vorgebirge, Bergspitze zu gehören: die häufige Sinnverbindung von Riese und Berg findet vielleicht hier eine Art Erklärung. Walde lehnt allerdings die Verwandtschaft von gr. oros ($o\varrho o\varsigma$) = Berg mit Riese ab, aber die Wendung „Bergriese“ ist in den nordischen Sprachen schon in frühen Zeiten gebräuchlich: Märchen und Sage verwenden die Gleichung oft. — Die Beziehung von Berg und Phallus ist in dem lateinischen mons = Berg noch deutlich vorhanden: mons kommt von der Wurzel men- emporragen, und von derselben Wurzel stammt mentula = männliches Glied. (Man kann kaum vermeiden, sich der Wörter Mensch und Mann vom Stamme man, men- meinen zu erinnern.) Die deutsche Bezeichnung Berg bestätigt den Zusammenhang, da es von dem Stamme brg- hoch hergeleitet wird; auch das vielsagende Wort „empor“ stammt von derselben Wurzel. Noch deutlicher wird der sexuelle Charakter der

Wörter in dem gegensätzlichen Begriff zu Berg, Tal (lat. vallis stammverwandt), zu dem gr. tholos (ϑολος) = Kuppeldach (sicher Symbol des Weiblichen) und altslaw. dolu = Loch, Grube gehören. — Felsen und Stein geben neue Verbindungen zwischen „Felsriese, steinerner Riese, Phallus", zunächst in der Eigenschaft der Härte; aber auch in den Wörtern ist die Verwandtschaft noch erhalten. Mit dem deutschen Felsen ist freilich nicht viel anzufangen, dagegen gibt das lateinische rupes (von rumpo = brechen, zerreißen) Anhaltspunkte. Von rumpo leitet sich her „rupex = klotziger, ruppiger Mann, Rüpel". (Ob der Name Ruprecht, besonders in der Verbindung Knecht Ruprecht irgend etwas damit zu tun hat, weiß ich nicht, halte aber zum mindesten eine spätere Vermischung mit rupex für wahrscheinlich.) Im Altindischen bedeutet ein zum Stamme gehörendes ropam Loch, das sich als aisl rauf = Spalte, Loch wiederfindet, serb. rupa; ir. soll „ropp = stößiges Tier" dazugehören; sicher hängt unser „Raub" (Brautraub), „rauban" mit rumpere zusammen. Aus alledem darf man wohl schließen, daß bei dem Wortgebrauch, wohl auch bei seiner Entstehung, das Verhalten der Geschlechter zueinander mitgewirkt hat. Walde bringt mit rumpo auch das Wort rubus = Brombeere zusammen (raufen, rupfen). Wenn man sich erinnert, daß gerade die Brombeere ein bekanntes Sexualsymbol ist (ein deutsches Marschlied vom Jägerssohn und dem Mädchen, die zusammen Brombeeren pflücken, endet: Und als das Mädchen aus dem Wald rauskam, die Brombeeren wurden groß, und es dauerte kaum dreiviertel Jahr, hatte sie ein Kind auf dem Schoß), gibt man ihm vielleicht recht, wenn man nicht vorzieht, an unbewußte Assoziation zu denken, was ebenso beweisend wäre. Übrigens ist Brombeere die Dornbeere (alth. bramo = Dorn, dazu engl. broom = Ginster und bezeichnenderweise franz. framboise = Erdbeere, die ebenso doppelgeschlechtliches Symbol ist: Brustwarze = Kitzler und Eichel), Dorn aber, Stachel, stechen, stechen sind Symbole des Männlichen in seiner Beziehung zum Weiblichen. — Stein steht durch die Wurzel sti = festwerden in Verwandtschaft zu gr. stia (στια) = Steinchen, stear (στεαϱ) = Geronnenes, steibo (στειβω) = feststampfen, stile (στιλη) = Tropfen, stibatos, steptos (στιβατος, στεπτος) = gedrungen, fest. Die Beziehungen zu der Erscheinung der Erektion, des Fest- und Steifwerdens des Zwerges „Kerlchen“, des hängenden und wackelnden, wedelnden Penis (von lat. pendo) sind nach meiner Meinung deutlich genug, ebenso ist die Assoziation des Tropfens und des Erstarrens einer Flüssigkeit „stear“ (Stearinkerze ist ein brauchbares Beispiel unbewußter Worterfindung auf Grund der symbolischen Gleichung; Kerze ist weitverbreitetes Selbstbefriedigungsmittel) in Anlehnung an die männliche und vor allem weibliche Entladung verständlich. Grell beleuchtet wird der Sachverhalt durch das englische stone = Stein als Bezeichnung für Hoden; Aufschluß gibt auch lat. stipo = gr. steibo = hartwerden, gerinnen, stiria = Tropfen; zu letzterem gehören aisl. Starrheit der Augen = stirur, unser deutsches „stieren“, lit. styros akis = starre Augen, styrtu = erstarren, styroti = steif, lümmelhaft dastehen (über Beziehungen zwischen Augen und Erotik später in der Abhandlung über Augen und Sehen), lat. stiprus = stark, steif; mhd. stif = steif, aufrecht, nhd. Stift. Weiter lat. stipes = Pflock, Pfahl, Stange; nd. stip, stippe = Punkt, Tupfen, stippen. Eine bemerkenswerte Verbindung ist das Wort „stips = Geldbetrag, Spende“. Hier finden wir im Wort — wir werden dasselbe in andern Wörtern finden — die enge symbolische Verbindung von Geld, Vermögen mit den Vorgängen des Eros und ebenso die Sinnesverwandtschaft von Gabe, Gift, Opfer mit den Geschlechtsereignissen. Das Wort „stipulor = fragend auffordern“ paßt dazu, obwohl es nicht für geschlechtliche Aufforderung, wenigstens in der Schriftsprache, gebraucht wurde. Deutlich wird diese Geschlechtsbeziehung in lat. stipendium = Soldatenlöhnung: es ist zusammengesetzt aus dem obenerwähnten stips und pendo (penis), bezeichnet also unter Zuhilfenahme von „stipulus = fest“ den Übergang vom Hängenden in das Starre, betont die virtus (Tauglichkeit des Soldaten). — Ob stiria = gefrorener Tropfen, Eiszapfen und stiva = Pflugsterz mit zu stips und stipo gehört, weiß ich nicht; dagegen scheint mir das Wort stirps = Stamm des Baums, Nachkommenschaft in diesen Kreis zu passen.

Einige Aufklärung über den Begriff „Zwerg“ gibt das Wort Wichtel, Wichtelmännchen: Wicht, von dem es abgeleitet ist, bedeutet Ding, Wesen, ein Etwas im Gegensatz zum Nichts, wobei das Lebendige und Dämonenhafte betont ist (ndl., aber auch nhd. kleines Kind, kindlich hängender Geschlechtsteil — böser Wicht scherzhaft auch für den kleinen Finger —, im Gegensatz zu dem männlich starken aufrechtstehenden Kerl). Wichtelmännchen — Wichtel allein wird für beide Geschlechter gebraucht — ist immer ein zwerghaftes Wesen, meist im Hause (Mutterleib) ansässig, wird in Holz geschnitzt in dem Ehren (Platz hinter dem Ofen, weibliche Genitalien, auch für die Vorhaut gebraucht, was bemerkenswert ist), unter dem Namen Tocke aufgestellt (Tocke vielleicht zu dem männlichen Symbol Stock, skr. tuj = in heftige Bewegung setzen). Das Wichtelmännchen tritt dadurch in nähere Beziehungen zu den römischen Penaten. „Penates" sollen mit penitus = inwendig, ganz innerlich, penetrare = eindringen, penus = Inneres des Vestatempels zusammenhängen: da der Vestakult zweifellos dem Symbol des Weibes galt, kann man Verbindungen zu der Eigenschaft des Ewig-Weiblichen und Ewig-Jungfräulichen, beide begabt mit der Fähigkeit der Verwandlung des bösen Wichts (digitus = Finger) in das kindliche Wichtchen (penates), annehmen; ein Zusammenhang mit penis liegt nahe, scheitert aber an dem langen „e" in penis.

Lehrreich sind die Sagen vom Däumling, die besonders deutlich die gegenseitigen Symbolbeziehungen der Körperteile und die des Teils zum Ganzen zeigen. Das Wort Daumen, von dem Däumling abgeleitet ist, stammt von der idg. Wurzel tu = schwellen und bedeutet der Starke (lat. tumeo = schwellen). Die in ihm lebende Geschlechtssymbolik ist allbekannt, ein jeder weiß, daß das Einschieben des Daumens zwischen den zweiten und dritten oder dritten und vierten Finger der geballten Hand Aufforderung zum Geschlechtsverkehr ist, und ähnlich Symbolisches gilt von dem Daumenhalten, dem Einschlagen des Daumens in die Höhlung der Faust (das Glück herbeizaubern, Glück als Vereinigung von Mann und Weib). Die römische Sitte, den Daumen nach unten zu drehen, wenn die Zuschauer den Tod des überwundenen Gladiators verlangten, nach oben, wenn er am Leben bleiben sollte, beruht auf derselben Gleichung; das Aufrechte, die Erektion war der Antike — und ist es uns auch noch — Leben, die Erschlaffung Tod. — Das

Doppelgeschlecht des Symbols tritt in dem Wort Däumling hervor, wenn der Deutsche den Handschuhfinger, mit dem er den verwundeten Daumen schützt, Däumling nennt. — Von der Macht des unbewußten Symbols gibt die Faustsage ein klassisches Beispiel: sie gesellt dem Faust (der Faust) den Teufel, Faust und Teufel zusammen ergeben aber die Onaniehandlung. Ich bezweifle nicht, daß Goethe diesen Zusammenhang gekannt und benutzt hat, da ihm vieles bewußt war auf Grund seiner zweiten mephistophelischen Natur. — Von der Wurzel tu- ist „Tausend" hergeleitet (skr. tavas = Kraft, tuvi = viel, tuvismat = kräftig, tuvistama = kräftigster; hunda = hundert, zusammengesetzt tu-hunda = tausend). Tausend ist also viel hundert oder Krafthundert. Die Verbindung mit dem Geschlechtskreis bestätigt sich durch lat. mille und durch gr. chilioi (χιλιοι) (ai. sa-hasram nach Grimm zu ai. saha = Stärke, got. sigis = Sieg, danach urgr. cheslioi (χεσλιοι) aus sgheslio, lat. mille aus smi-zghsli). Die Bedeutung beider ist Krafthundert. — Sommer leitet beide Wörter von einem alten Femininum smi und ghsli ab (smi gr. mia, μια, lat. Stamm sem-simplex = eins). Da smi Femininum ist, gibt die Sommersche Deutung in Verbindung mit der Grimmschen eine Ahnung von der symbolischen Doppelgeschlechtigkeit aller Zahlen; besonders gilt das für die Zahl eins, die je nach der matrimonialen oder patriarchalen Denkweise als Mannes- oder Weibessymbol aufgefaßt wird. Das ist eine für alle Lebensbeziehungen, mögen sie sein, welche sie wollen, grundsätzlich wichtige Feststellung, weil bei dem mathematischen Tier Mensch die Zahl alles beeinflußt.

Das lateinische Wort für Daumen ist pollex; es wird abgeleitet von pollos = groß, das wiederum mit polleo = vermögen, können, in etwas stark sein, pollens = vermögend, stark zusammenhängt. Die Zugehörigkeit zu dem Geschlechtskreis ist auch hier deutlich. Das Griechische gebraucht den Ausdruck megas daktylos (μεγας δακτυλος) = großer starker Finger. Ein andres Wort für Daumen ist anticheir (αντιχειϱ) = Gegenhand. Da cheir (χειϱ) die flache Hand, Hohlhand bedeutet (ved. haras = Griff, harati = hält, ir. hir = flache Hand), also weiblich empfangend ist, muß anticheir männliches Symbol sein. Die auch sonst nachweisbare Symbolik des

Greifens als Verkehrs zwischen Mann und Weib (vgl. die vorhin erwähnte Symbolik von Faust und Teufel) spricht sich in dieser Gegenüberstellung von Hand und Gegenhand sehr gut aus. Die Bedeutung, die „Hand“ als Symbol des Geschlechtsverkehrs hat, ist in den Wörtern Handlung, behandeln, Handel, Akt usw. enthalten.

Das lateinische Wort pollen und pollis (polenta, pulvis = Staub, puls = Brei) = Blütenstaub wird von Walde nicht mit polleo zusammengebracht, was ich sehr schade finde. Der Pollen ist so ausgesprochen männlich, daß es leicht mit der männlichen Kraft, dem Geschlechtsvermögen, zusammenpaßte. (Heuschnupfen.)

Das lateinische Wort für Zwerg ist pumilus, pumilio, das entweder zu puer, pubes (Wurzel puh, fuh-) gehört oder zu dem gr. pygmaios (*πυγμαιος*), das sich füglich mit Däumling übersetzen läßt, jedenfalls das Zwerghafte betont; allerdings ist es nicht vom Daumen, sondern vom Mittelfinger abgeleitet. Die Sage vom Pygmalion und der von ihm geschaffenen Bildsäule eines Mädchens, der Venus auf sein Gebet hin Leben verlieh, erzählt, entsprechend der Paradiesessage von Eva und der Schlange, jedem, der es hören will, wie das Mädchen durch den Phallus pyx (*πυξ* = ausgestreckter Mittelfinger bei geballter Hand) zum Leben, zum Weibsein geweckt wird.

„Wecken“ ist verwandt mit lat. vegeo = erregen, munter sein, vigil = wachsam, vegetus = rührig (idg. Wurzel uegh-, ai. vajah = Kraft, Schnelligkeit, ahd. wakar = wacker). Zu demselben Kreis gehört die Wurzel idg. aueg-, die wachsen, vermehren bedeutet: von ihr leiten sich die Wörter lat. augeo, augustus = hoch, auxilium = Hilfe, gr. aexo (*αεξω*) = wachsen machen, auxano (*αυξανω*) = wachsen machen her. Als Wurzel gilt skr. uks = größer werden, aber auch ausspritzen: die Verbindung mit den männlichen Geschlechtsvorgängen könnte nicht deutlicher hervortreten. — Im Deutschen gehört wahrscheinlich das Wort Ochs hierher, allerdings nicht in dem verblaßten modernen Sinn, kastrierter Bulle, sondern in dem Sinne symbolischer Geschlechtskraft, wie es in der Zoologie und außerhalb von Deutschland gebraucht wird.

Wie verwandt das Unbewußte den Begriff des Wachsens (Weckens) und den der Geschlechtstätigkeit empfindet, geht aus dem gebräuchlichen lateinischen Wort für wachsen hervor, „crescere", zu dem noch das überaus wichtige „creo = erschaffen" gehört. Die Wurzel ist ker- wachsen, nähren (der Name der Ceres, der Göttin der Fruchtbarkeit, vereint die beiden Bedeutungen der Wurzel). Durch ker- mit crescere und creare verwandt sind arm. ser = Nachkommenschaft, serim = werde geboren, stamme ab, wachse, serm = Same; gr. koros (κορος) = Heranwachsender, auch junger Zweig, Schößling, kore (κορη) = Mädchen, Pupille; ai. „cardhati = ist frech, trotzt" weist Walde seltsamerweise aus dem Zusammenhang, weil es auch „er furzt" heißt, also mit blasen, aufgeblasen zusammenhängt. Es besteht gar kein Zweifel darüber, daß dem sprachbildenden Unbewußten das Wachsen des Phallus als ein Aufgeblasensein erschien; „furzen" gehört übrigens zu der Wurzel puh, die das Geschlechtswesen beherrscht. In dieser Wurzel findet sich auch, wie ich früher gezeigt habe, dieselbe Identifikation von „wachsen" und „nähren" (z. B. im schwed. fetta = Votz und föda = füttern, gebären).

Mit den Wörtern „crescere, creare" nähert sich der Kreis Riese—Zwerg dem Mittelpunkt des Kosmischen: der griechische Ausdruck „gigas (γιγας) (franz. geant, engl. giant) = Sohn der Erde, Riese" gehört in diesen Zusammenhang (ge, gaia, γη, γαια = Erde wird mit gen- zeugen zusammengebracht, die Wurzel gen- liegt zugrunde); sie sind gezeugt von dem Tartarus, der in dem tiefsten Erdinnern liegt. (Die Vorstellung, daß die zeugende Kraft, die dem Samen des Mannes Wirksamkeit gibt, in der Höhle wohnt, ist wohl bei allen Menschen nachweisbar.) Erwähnenswert ist, daß man sich die Giganten als schlangenfüßig vorstellte (Schlange ist doppelgeschlechtliches Symbol mit besonderer Betonung des Männlichen).

Vielleicht beruht auf der Meinung des Unbewußten, daß zur Befruchtung die geheimnisvolle Höhlung notwendig ist, der Mythus von der Entstehung des Uranos, des Himmels aus den Kräften der Erde ohne Zusammenkommen mit dem männlichen Geschlechtswesen (jungfräuliche Empfängnis und Geburt des Sohnes ist an den Anfang gestellt, eine unbewußte Überzeugung aller Menschen, die noch jetzt in dem Glauben an die unbefleckte Empfängnis des Christs und der Maria lebendig ist). Eine weitere kindlich-primitive Meinung bringt der Mythus, wenn er die Götter und Titanen aus der Verbindung der Mutter Gaia mit ihrem Sohne Uranos entstehen läßt. Uranos kommt von ureo (*ουρεω*) = urinieren (Befruchtung der Erde durch den Urin des Himmels, den Regen). Daß die Zeugung durch den Urin stattfindet, ist der Glaube aller Kinder bestimmter Lebensalter.

„Wolke", das mit welken, verwesen zusammenhängt, gehört wohl in diesen Kreis. — Im Lateinischen scheint die Wolke, nubes, gegenüber dem Himmel, caelum, das etwas mit Glanz, Feuer zu tun haben soll, in den Vordergrund getreten zu sein: nubes wird allerdings von der Wissenschaft nicht mit „nubere = heiraten" zusammengebracht, das will aber nichts sagen; im Gegenteil scheint das Unbewußte die Etymologen gegen ihren Willen — sonst hätten sie nubes und nubere als verwandt hingestellt — zur Andeutung der Zusammenhänge gezwungen zu haben (Walde bezieht das Wort „obnubere = bewölken, verhüllen" nur auf nubes, aber „verhüllen" wurde von allen Sprachen und Sitten als Symbol des Weiblichen in Beziehung zum Männlichen empfunden, es ist Symbol für die Begattung). Terra = Erde (Gaea) wird von der Wurzel ters = trocken abgeleitet — das trockne Weibliche wird in der Erregung feucht; die Mutter wird vom Vater bewässert, um Frucht zu tragen. Die unbewußte Theorie von Urinzeugung macht sich in allen gesunden und kranken (Nieren- und Blasenleiden) Lebensverhältnissen geltend.

Das Wort „Urin" hat viele Verwandte, die alle in Beziehung zu Wasser stehen; auch im modernen Denken hat sich das in Ausdrücken wie See, Teich, Bächlein für den Urin erhalten, bezeichnenderweise in der Kinderstubensprache. — Walde äußert Bedenken, weil „urinari" = unter Wasser tauchen, „urinator" der Taucher sei; gerade das aber führt dazu, dem Unbewußten die Verbindung von Urin und Zeugung zuzuschreiben, da ja das ungeborene Kind in urinähnliches Wasser eingetaucht, der Fötus also von Natur „Taucher" ist. — Über das Wort Erde findet sich nicht viel bei den Etymologen, dagegen scheint Himmel mit Heim zusammenzuhängen (Heim der Götter). — Bei den Griechen ist der Sohn der Erde und des Himmels die Zeit chronos (*χρονος*). Auch im Lateinischen und im Deutschen haben die Wörter saeculum = Lebensdauer des Menschen und Welt (wer, werwolf = vir und old, yld = Zeitalter) Sinnesverwandtschaft mit Säen und Männlichkeit. „Welt" ist lat. mundus = schmuck, reinlich, aber auch Schmuck der Frauen; und hier tritt uns etwas Seltsames entgegen, denn sprachlich hängt mundus mit gr. mydos = Nässe zusammen (Ableitung: mulier = Weib von naß, vgl. frühere Angaben, tatsächlich ist das Weib für jeden Menschen vor der Geburt die Welt, eine nasse Welt): danach ist geschlechtliche Erregung der Schmuck des Weibes, ja die Welt. — Griechisch ist das Wort für Welt kosmos (κοσμος), was wiederum auch Schmuck bedeutet. Bemerkenswert ist seine Ableitung von einem idg. kens = feierlich sprechen (lat. censeo = schätzen, censor). Die Verbindung des feierlich gesprochenen Worts mit der Weltschöpfung („Es werde Licht") ist damit gegeben; das weibliche mydos, kosmos ist dazu notwendig.

Unter den deutschen Wörtern, die wie Kerl das Männliche betonen, nimmt die Bezeichnung „Degen" für Held eine besondere Stelle ein. Degen ist nicht, wie man zunächst vermutet, von der Waffe Degen abgeleitet, sondern die Waffe hat ihren Namen von dem Männlichen, das in „Degen" enthalten ist: Degen (ahd. degan, angls. pëgn = Gefolgsmann, Diener, engl. thane = Freiherr) bedeutet ursprünglich „Knabe", ja im Althochdeutschen ist thegan geradezu „männlich". Im Griechischen erscheint der idg. Stamm von Degen tek-no- in den Wörtern teknon (τεκνον) = Kind, tokeus (τοκευς) = Vater, tikto (τικτω) = gebären, erzeugen. Diese Wörter, verbunden mit der Tatsache, daß zu der Degenwaffe die Scheide gehört, machen die Symbolik des „Degens" als stark männlich verständlich, es legt aber auch den Gedanken nahe, daß die Wörter Knabe, Knappe, Knecht, engl. knight = Ritter ebenfalls der Geschlechtssymbolik entstammen und alle miteinander die Wurzel gen, ken enthalten. Die Abhängigkeit des Waffenbaus und der Waffenhandhabung von dem Symbol Waffe — Phallus ist der Psychologie bekannt, die Bestätigung in der Sprache gibt dieser Auffassung Sicherheit. Aus diesem Grunde weise ich auf das Wort „Scheide" hin: während dieses Wort in den germanischen Sprachen vorhanden ist (auch als Bezeichnung für das weibliche Organ), fehlt es im Gotischen, wo statt dessen ein Wort „födr" verwendet wird; da ist wieder die Wurzel puh-, fuh-, das Aschenbrödel der Sprachforscher. Födr bedeutet nämlich auch Futter = Nahrung. Wir sind dieser Verwandtschaft des Nährens und Zeugens schon oft begegnet, sie ist auch aus der primitiven Auffassung des Fötallebens leicht zu erklären. Lehrreich für das seltsame Verhalten der Etymologen ist Waldes Abschnitt „vagina = Scheide“: er bringt es in Zusammenhang mit lit. voziu, vozti = etwas Hohles überstülpen, es kommt ihm aber nicht in den Sinn, diese Wörter mit dem deutschen Votz, Fut, fuen usw. zu verbinden. Dieselbe zaghafte Einstellung hat die Sprachforschung dem Worte „Faust“ gegenüber. Wenn man im Schweizer Dialekt der Bezeichnung „Wiberfust“ für eine Faust mit eingeschlagenem Daumen begegnet, ist es schwer, der Beziehung auf das Wort Votz auszuweichen, zumal wenn man den deutschen Ausdruck „die Faust ballen“ mit in Rechnung zieht. Ballen kommt von der reichgesegneten Wurzel bhel-, die strotzen, schwellen bedeutet, und von ihr leitet Walde lat. follis = Ledersack ab; er bringt eine ganze Reihe von Wörtern verschiedener Sprachen, die mit den Geschlechtsbeziehungen zusammenhängen (gr. phallos, phales (φαλλος, φαλης) = männliches Glied, air. ball- = Glied, hess. Bille = Glied, penis, Bulle = vulva = weiblicher Schamteil, ags. beallock = Hode usw.). Der Schweizer Dialektausdruck gibt neue Rätsel auf: er könnte als Symbol der Vereinigung von Mann und Weib oder als Symbol der Theorie gelten, daß das Weibliche aus dem Männlichen durch Abschneiden des Glieds und der Hoden entsteht, oder schließlich — und das möchte ich annehmen — ein Wort für den Gedanken sein, daß beim Weibe der Penis und die Hoden innen vorhanden sind wie der Daumen in der Faust (Gebärmutter mit Hals gleich dem männlichen Gliede, Eierstöcke gleich den Hoden). — Die „Wiberfust“ ist weiter der Tod des Mannes im Weibe: so lange der Daumen eingeschlagen ist, ist der männliche Daumen, der starke Finger, machtlos. — Schließlich ist diese „Wiberfust“ Schwangerschaftssymbol, die Frucht im Mutterleibe. Die wichtigsten Symbole, die des Doppelgeschlechts und der Kindmannbarkeit des Menschen, das Stirb und Werde sind hier vereinigt.

Zu dem Begriff Zwerg gehört noch das Wort Kobold (kubahulths = Haus-Holde: Holde sind gute Hausgeister): der erste Teil des Worts ist Koben, mhd. kobel = enges Haus, angls. cofa (edles Dichterwort) = Schlafgemach, gr. gypas ($\gamma\upsilon\pi\alpha\varsigma$) = unterirdische Wohnung. Die Annahme, daß die Gebärmutter mit kuba gemeint ist und mit Holde der Mann, ist nahe.

Wenn mir der Plan dieses Werks es gestattete, würde sich hier die Gelegenheit bieten, Sagen und Dichtungen aller Art mit in den Kreis der Betrachtungen zu ziehen; ich begnüge mich damit, an die griechische Sage vom Krieg der Kraniche (Erektionssymbol, Riese) mit den Pigmäen und an Swifts Roman „Gullivers Reisen und Gullivers Abenteuer im Lande der Zwerge" zu erinnern: die Tatsache, daß auf eine Erektion viele, viele Zwergformen des männlichen Gliedes kommen, wird in der Dichtung deutlicher als in der bildenden Kunst (Urinentleerung Gullivers; Rabelais Pantagruel).

In der darstellenden Kunst ist vor allem die Sage vom Riesen Goliath und dem Knaben David als Symbol benutzt worden. Das Auffallende in diesen Bildwerken ist, daß das Weib fehlt: während die Erschlaffung des Phallus durch den Liebesakt mit dem Weibe in den Judithbildern deutlich symbolisiert ist — in Florenz ist ein Gemälde des Allori, das Judith mit dem abgeschlagenen Haupte des Holofernes darstellt, während ihre alte Begleiterin als Muttersymbol den Sack (= uterus) hält, in dem das Haupt begraben wird —, zeigt Verrecchios David die Tatsache, daß der Riese Phallus durch den Phallus selbst, durch das Schwert, um Haupteslänge kleiner wird. Das Leben beendet die meisten Erektionen nicht durch das Weib, sondern durch das Kindwerden des Männlichen: Verrocchios Unbewußtes gab dem Knaben ein halbgesenktes Schwert in die Hand, das den Vorgang der Erschlaffung charakterisiert: der Knabe David siegt über den starken Goliath durch das Schleudern des Steins, die Wahrheit, daß Erektion, Erguß und Erschlaffung an sich vorhanden sind, ohne daß das Weib etwas damit zu tun hat (Onanie, Pollution), gibt zu diesen Kunstwerken den unbewußten Anlaß.

Eine seltsame Leistung des Unbewußten ist der David des Michelangelo: in ihm ist der Gedanke, dem man auch in Michelangelos Erschaffung des Mannes begegnet, daß das Männliche aus sich heraus Erektion und Erschlaffung erlebt, fast grausam deutlich vor

Augen gebracht. — David ist Riese und Knabe zugleich, er trägt die Schleuder, ohne daß der Gegner gezeigt wird. Diese unverhüllte Schaustellung der Selbstliebe des Männlichen ist kaum zu ertragen. Das Unbewußte der Antike hat auch oft genug das Männliche in sich abgeschlossen dargestellt — man denke an den Doryphoros —, aber die Gestalt des riesigen Knaben mit der Fähigkeit zu schleudern, dieser triumphierende Hymnus auf die Selbständigkeit des Männlichen und seine Unabhängigkeit vom Weibe, da der Mann alle drei Menschenformen besitzt, ist wohl sonst nicht gewagt worden, und dem Verfasser ist es begreiflich, daß die Masse Mensch sofort mit Steinen nach dem Koloß geworfen hat.

Die Sprachverwandtschaft zwischen den Begriffen Riese — Zwerg, wecken — wachsen — erschaffen ist Gegenstand des großartigsten Gemäldes der Welt, der Creazione del Uomo an der Decke der Sixtinischen Kapelle zu Rom (Taf. 5). Langgestreckt mit weit vorgerecktem Arm und vorwärtsdrängendem Finger gibt der HERR Leben. Umschlossen ist er von einem Mantel, der wie ein Stück lebendigen Gewölbes die Erregung des Augenblicks mitempfindet. In diesem Symbol des umhüllenden Schoßes wimmelt ein Heer von Kindern, zehn an Zahl. Aber das suchende Auge sieht sehr bald, daß nur neun der Kinder dem weiblichen Symbol des Mantels angehören; das zehnte ist dem Weibe im Arm des HERRN zugeteilt, es klammert sich an den Schenkel der Frau und des HERRN Hand faßt seine Schulter. Neun Kinder: neun ist das Symbol der Vollendung, der vollendeten Schwangerschaft, neunmal setzt die Blutung des Weibes aus. Unter dem Gotte fliegt, als ob es den Riesen stützen müsse, ein männliches Wesen, dessen Figur in ihrer Kürze und halben Verborgenheit die stets wiederkehrende unerschöpfliche Zeugungskraft des Mannessymbols hervorhebt: Riesig ist der Gott, so lange der Erzeugungssturm andauert, unterhalb dieser Kraft sieht man die Fähigkeit und Möglichkeit der Ruhe und Sammlung und Auferstehung. Menschen zu schaffen ist möglich, weil vor und nach der Schöpfung Ruhe ist, Erschöpfung und Sammlung. — Mann, Weib und Kind zusammen sind der Mensch, erst wo sie vereint sind, wird der Mensch Schöpfer und Gott. Das Unbewußte des Bildes wiederholt diese Vereinigung in innig verschränkten

Symbolen: da ist das Weib und das Kind im Arme des HERRN, keine Ziele für ihn, sondern etwas, was er hat; beide, Weib wie Kind sind eigene Wesen, die sich zusammengetan haben und sich vom schaffenden Gotte fortreißen lassen. Weib und Kind ist auch der Mantel mit den Engeln, sie sind Eigenschaften des Gottes, sein Ziel aber ist, den Mann zu wecken, dem er zufliegt.

Dieser Mann — das Bild heißt Erschaffung des Mannes im Gegensatz zu der Erschaffung des Weibes, das Unbewußte des Benenners sah, daß es sich nicht um die Schöpfung des Menschen, noch weniger um die Erschaffung von Adam und Eva handelt —, dieser Mann ist — seltsam genug, aber den tiefsten Geheimnissen des Unbewußten entsprechend — der eigentliche Schöpfer, er erschafft sich selbst: er sieht, und durch das Sehen wird er lebendig, er ist Geschöpf seiner Vision, seiner Phantasie. Noch berührt ihn der Finger des HERRN nicht, und schon streckt sich sein Arm, hebt sich sein Leib, stemmt er sein Bein auf, um sich aufzurichten, um zu stehen: er wächst. Sein Schauen aber ist bereits volles Leben, lebendiges Leben. Sein Blick ist träumerisch, er schaut von innen nach außen; wer dem Blick folgt, weiß nicht, gilt er dem kindlich-weiblichen Gottmanne oder dem Weibe, das staunend und ohne jede Träumerei an dem Gotte vorbei auf den Mann blickt, oder dem Kinde, das zu dem Weibe gehört und selbst bei dem Erkennen des Mannes an dem Weibe hängt. Der Mann umfaßt alles Menschliche, wenn er lebendig wird, wenn er das Herannahen des Liebessturmes fühlt, wenn sich sein Mannsein wie im Bilde zur fortzeugenden Tat zu erheben beginnt, er erschaut sich selbst, wie er im Zustand der Mannesvollendung ist, die Dreiheit von Mann — Weib — Kind. — Der Verfasser sieht in das Unbewußte dieses Bildes das Geheimnis des Männlichen hinein, das die Frauen so gut kennen, aber nie anerkennen, weil sie sonst danach handeln müßten, das Geheimnis, daß das, was wir Mann nennen, das Starke, Schöpferische, nur für Minuten lebendig wird, daß der Mann nur dann Mann ist, wenn er sich im Zustand der Erregung befindet, im Enthusiasmus, im In-Gottsein befindet. La Creazione dell'uomo: der Gott, der den Mann erschafft, ist eingeboren im Manne, der Mann wird nicht Mann durch den Mann, nicht durch das Weib, nicht durch das Kind, er wird Geschöpf und Schöpfer durch die Idee des Menschlichen, durch die Vision der Dreieinheit Mensch. Der Mann ist in der kurzen, sich immer wiederholenden Stunde des Mannseins Visionär, unbewußte Phantasie ist Vater und Mutter des Mannes. — Michelangelos Bild erzählt auch etwas vom Weibe: das Weib sieht nach dem Manne, aber selbst im Sturm der Leidenschaft hält es das Kind umfangen, es denkt nicht an das Kind, es denkt an den Mann, aber das Kind hat es bei sich: das Weib ist immer Mutter. — Jeder könnte und sollte es wissen, daß der Mann in der Umarmung auch an das Kind denkt, wollend oder versagend, die Frau denkt nie an das Kind in der Umarmung, nur an den Mann, sie braucht nicht daran zu denken, weil sie es immer von ihrer ersten Lebensstunde an bei sich hat: wenn sie die Schwangerschaft vermeidet, so tut sie es nur des Mannes wegen, sie tut es nur, weil sie seine Gedanken und Bedenken errät. Frauen sind sehr klug, und sie sind nie und unter keinen Umständen Sklaven der Leidenschaft: Amor trägt die Binde vor den Augen, Venus sieht immer. Das einzige Weib mit der Binde vor den Augen ist Themis, die Gerechtigkeit, nicht weil sie ohne Ansehen der Person richtet, sondern weil die Gerechtigkeit, um richten zu können, blind für Gut und Böse sein muß, weil sie nur nach Gutdünken richten kann. Richtet nicht! — Überlaßt es den Müttern! Sie müssen richten, um das Kind für das Leben herzurichten, und dazu wird ihnen die Binde der Mutterliebe und des Mutterhasses umgelegt.

Das lateinische „vir" hängt nach den Angaben der Sachverständigen mit dem Wort „vis = Kraft, gr. iphi (ιφι)" zusammen. Wie vollkommen das Wort dem Begriff des ausschließlich Männlichen entsprach, beweist das Adjektivum virilis, das noch heute im Englischen und Französischen die Manneskraft benennt; und in dem Ausdruck virago = Mannweib im unangenehmen Sinn, finden wir das bestätigt. — In der unbehinderten Lage des Laien fühlt man sich berechtigt, auch das Wort „virgo = Jungfrau" dem Wort „vir" zuzugesellen; aber die Etymologie erhebt Einspruch und behauptet, virgo hänge mit „virga = biegsame Gerte, Rute" zusammen. Offenbar benutzt sie den Begriff des Biegsamen, Grünenden, Wachsenden, um eine Annäherung auch in der

Bedeutung der beiden Wörter zu schaffen; Walde beruft sich dabei auf lat. talea = Stäbchen, Setzling und auf das verwandte griechische talis (τᾶλις) = Braut, mannbares Mädchen. Dagegen will ich nicht streiten, Frauen haben etwas Biegsames, nur hört es nicht mit der Virginität auf; es fragt sich aber, ob virga nicht ebenfalls zu vir gehört, und das glaube ich. — Man nimmt an, daß virga mit uiz-ga, verbal genommen „winden", substantivisch „Bündel, Wisch, Besen" zusammenhängt. Vorausgesetzt, daß diese von anerkannten Gelehrten (Walde, Kluge) aufgestellte Ableitung richtig ist, so liegt der Gedanke nahe, daß in dem Wort beide Geschlechter (vir — virgo) vereint im ursprünglichen Symbol benannt worden sind, denn die Vereinigung der beiden Körper ist ein gegenseitiges Umwinden. Auch das dritte Glied der Gleichung des Menschen, das Kind, wäre im Sinne von Sprößling, Reis in dem Wort enthalten; die dichterischen Bilder vom Baumstamm, der vom Efeu umschlungen ist, von dem Manne — auch wohl dem Weibe — umwunden von der Schlange, Kranz und Krone auf dem Haupte drücken denselben Gedanken aus, ja der vulgäre Ausdruck „fegen, kehren" für den Beischlaf führt geradezu zu der Vorstellung des Bündels von biegsamen Gerten. Virga ist aber auch in andrer Weise mit dem Worte vir verbunden, es besteht eine Wortverbindung „virga divina" = Zauberstab; daß der Zauberstab der Phallus ist, läßt sich nicht bestreiten. Nimmt man die deutsche Sprache zur Erläuterung, so fällt einem zunächst ein, daß die gewöhnliche Übersetzung von virga Rute ist, das heißt ein volkstümlicher, bis vor wenigen Jahrzehnten allgemein gebrauchter Ausdruck für das männliche Glied. Die Bezeichnung der Meßstange als Rute leitet zum Ackerbau hin ebenso wie bei den Römern virga, und die Beziehungen zwischen dem menschlichen Eros und dem Ackern der Erde sind in ihrer symbolischen Übereinstimmung in allen Sprachen und Gebräuchen nachweisbar. Nimmt man die Übersetzung Stab anstatt Stange (gebräuchlich als Bezeichnung des aufgerichteten Gliedes) oder Rute, so wird das Verhältnis noch klarer: Stab führt zu ahd. staben, idg. sthap = fest, starr sein, und skr. stapay=stehen machen. Zu derselben Wurzel gehört gr. astemphes (αστεμφης) = fest, und dieses Wort führt zu einem weiteren wohlbekannten

Symbol des Männlichen und der Vereinigung von Mann und Weib „staphyle (σταφυλη) = Weintraube, Weinstock". Bemerkenswert ist, daß staphyle auch das Gaumenzäpfchen ist; hier begegnen wir wieder auf einem weiten Umwege der Symbolik der Körperorgane. Das Es verwendet den Schlund mit Mandeln und Zäpfchen in erstaunlicher Weise als Symbol der Erotik; die zahllosen Halsentzündungen der Kinder — Kinder kennen offenbar diese Symbolik —, aber auch der Erwachsenen, die immer wieder an Mandelentzündungen oder an Rachenkatarrh leiden, stehen fast immer in Zusammenhang mit Verdrängungen auf dem Geschlechtsgebiet; ja ich vermute, daß auch die diphtherischen Erkrankungen von dieser Symbolik abhängig sind, nur fehlt mir in der Praxis die Gelegenheit, es nachzuprüfen. Das Zäpfchen symbolisiert natürlich das Glied — der Mannzapfen paßt in das Loch des Weibfasses, schließt und öffnet —, während die Mandeln bald als Vertreter der Hoden, bald der weiblichen Geschlechtsöffnung verwendet werden; das Ganze des Schlundes ist in seiner Funktion des Schlingens Gleichnis der Vereinigung oder der Geburt. — Der lateinische Ausdruck für das Zäpfchen ist uvula (uva =Weintraube); es herrscht also Übereinstimmung in beiden antiken Sprachen. Uva führt noch einen Schritt weiter, da es sprachlich mit oe (οη)=Eberesche, Vogelbeere zusammenhängt, die Eberesche aber Baum der Fruchtbarkeit ist; aus ihrem Holz wird die Lebensrute gewonnen, deren Schlag Menschen und Tiere fruchtbar macht. Daß Zapfen, Zäpfchen auch in der Funktionsbedeutung zu dem Gliede Beziehung hat, ist klar, es wird bestätigt durch das einzige mit Zapfen verwandte Wort „Zipfel", das ganz allgemein als Bezeichnung des männlichen Geschlechtsteils verwendet wird.

Eine andre Übersetzung des Wortes virga lautet „Gerte"; das Doppelgeschlechtliche ist ebenso wie bei virga in dem femininen Gebrauch des Wortes im Gegensatz zu der männlichen Ableitung — Gerte ist verwandt mit lat. hasta = Speer, Lanze — ausgedrückt; hasta caelibaris war bei den Römern ein kleiner Spieß, mit dem das Haar der Braut geordnet wurde: die symbolische Bedeutung des Spießes als Symbol des Phallus ist um so verständlicher, als sowohl im Deutschen und Lateinischen wie in den andern indogermanischen Sprachen die Stoß- und Wurfwaffe als aus dem Symbolzwange des Eros entstanden gekennzeichnet ist. Vor Gericht spielte die Lanze als Symbol des Männlichen von jeher eine wichtige Rolle, und das hat sich in dem bekannten Ausdruck Subhastation noch immer erhalten. Im Deutschen sind Lanze, Spieß, Speer, Dolch, Degen, aber auch Pfeil, Flinte, Revolver gebräuchliche Bezeichnungen für den männlichen Geschlechtsteil.

Besonders lehrreich ist das Wort Pfeil, das von lat. pilum herstammt (Wurfspieß). Walde erklärt kategorisch, daß pilum=Wurfspieß nichts mit dem gleichlautenden pilum = Mörserkeule zu tun habe, das erste leitet er von einer Wurzel pig, pik her (franz. piquer = stechen) und bringt es in Zusammenhang mit pingo = malen, das andre soll zu pinso = zerstoßen, zermahlen gehören. Das mag schon sein, aber man könnte, von der Symbolik ausgehend, zu dem Schlusse kommen, daß pingo ebenso wie pinso etwas mit der etymologisch anstößigen Wurzel puh-, fuh- zu tun habe. — Walde selbst gibt eine Art Anhalt dazu: er sagt, das Wort pingo = malen komme von einer Wurzel peik- und dazu gäbe es eine Parallelwurzel peuk-, von der pungo = stechen herkomme, aber auch pugil = Faustkämpfer und pugna = Faustkampf, Schlacht, pugio = Dolch; alle diese Wörter hängen mit gr. pyx (πυξ) = mit der Faust, pygme (πυγμη) = Faust, pygmes (πυγμης) = Faustkämpfer zusammen, denen im Deutschen nach Kluge Faust stammverwandt ist. Das Wichtige aber ist, daß die Griechen unter pygme nicht unsere Faust verstanden, sondern die geballte Hand mit ausgestrecktem Mittelfinger; das aber ist eins der typischen Phallussymbole, besser Symbol des Mannes mit erigiertem Glied, der Faustkampf wäre damit der Kampf erregter Männer um das Weib. — Nähergebracht wird die Verwandtschaft pingo — pungo durch zwei andre Bedeutungen von pingo: die eine ist „mit der Nadel stechen“ (beim Sticken), die andre ist „ritzen“. Pingo = ritzen führt zu dem russischen pizda (lit. pyzda, lett. pida) = weiblicher Schamteil, Ritze; dazu gehört altpr. peisda = Arsch und lit. pisti = begatten. In der Bedeutung „mit der Nadel sticken“ tritt der erotische Zusammenhang ebenfalls hervor: das Führen der Nadel ist vom Geschlecht bedingt, wie sich an der verschiedenen Art, wie Mann oder Weib oder Kind sticken, leicht nachweisen läßt. — Bleibt man bei dem Klang des Worts pingo, so kommt man auf die Vermutung, daß unser Wort „pinkeln“ damit zusammenhängt, nur muß man nicht glauben, daß solche Verwandtschaft in den etymologischen Werken näher behandelt wäre. Wenn man aber bedenkt, daß jeder Knabe im Sand oder Schnee mit Hilfe des Harns Malversuche macht und daß Grund vorhanden ist, die Neigung zum Malen auf die Tatsache zurückzuführen, daß jeder Säugling ein geborener Windelmaler ist, fällt es doch auf, daß der Römer den Pinsel penicillus = kleines Schwänzchen, kleiner Penis nannte, eine Assoziation, die auch für das deutsche Pinsel zutrifft. Beide Sprachen benennen auch den Dummkopf so. Das stammverwandte Wort „Faust“ bringt den Anschluß an die Wurzel fuh-.

Alles bisher Gesagte macht die Ableitung von pilum = Wurfspieß von demselben Stamm wie pingo nicht unwahrscheinlich. Das zweite Wort pilum = Mörserkeule geht zurück auf pinso = stampfen, stoßen. Die Geschlechtsbeziehung ist da ohne weiteres gegeben: die Keule ist überall ein Symbol des Phallus = Pfahls, und auch etymologisch wird z. B. das Wort Viesel, Fasel = männliches Glied, ersteres auch für den weiblichen Geschlechtsteil gebraucht, mit pinso und seinen Ableitungen zusammengebracht (mhd. visel = Mörser, air. cisel = Teufel — Zusammenhang von Teufel und Glied in einer von Boccaccios Novellen besonders hübsch verwendet —, lit. pisti = begatten, pinso würde zu pissen hinleiten). — Zu allem Überfluß gab es noch bei den Römern ein Brüderpaar von Ehegöttern Pikumnus und Pilumnus, Pikumnus — abgeleitet von picus = Specht (gr. dryokolaptes, engl. woodpecker, beides Holzaushöhler, der Feuervogel des Prometheus) — zu pilum = Wurfspieß, pingo = malen, ritzen gehörend Pilumnus zu pilum = Mörserkeule, pinso = stampfen. — Ein merkwürdiges Wort desselben Kreises ist pilarium = „Begräbnisort, wo die Asche Verstorbener aufgehoben wurde“. Es hängt nach Walde entweder mit pila — Mörser oder mit pila = Pfeiler zusammen. Symbolisch mag man es als das Weibliche auffassen, in dem die Asche des männlichen Liebesfeuers bleibt, sei es nun, daß die Keule (pilum) im Mörser gestampft hat oder daß der Pfeiler in dem pilarium zusammengebrochen ist.

Zusammenfassend möchte ich sagen, daß für mich kein Grund vorhanden ist, die Verwandtschaft von virga und damit von virgo mit vir und vis = Kraft zu bestreiten.

Ein sicher von vir abgeleitetes Wort ist virtus, das ausschließlich für den Mann gebraucht wird, Mannhaftigkeit, Mannestugend. Im Französischen hat sich daraus vertu gebildet, eine Weibestugend, ebenso wie für das deutsche Empfinden Tugend zunächst eine Eigenschaft der Frau ist; dabei liegt jedoch immer noch der Ton auf dem Verhalten im Geschlechtsleben. Auch scheint Tugend bei seiner Ableitung von taugen, tauglich ursprünglich ebenfalls eine männliche Tugend gewesen zu sein; wenigstens führt Kluge diese Wörter auf einen indogermanischen Stamm dhugh zurück, dem lit. dauksinti = mehren angehört und gr. tyche (*τυχη*) = Glück, tykane (*τυκανη*) = Dreschflegel, tykos, tychos (*τυκος, τυχος*) = Hammer, Meißel, männliche Symbole. In der modernen Umwandlung in Eigenschaften des Weibes zeigt sich die Doppelgeschlechtigkeit aller Symbole, die Erkenntnis des Unbewußten von der männlich-weiblichen Natur des Menschen (Frauenemanzipation).

Verwickelt ist das Verhältnis des Wortes „virus = Gift“ zu vir. Walde erwähnt eine Verwandtschaft nicht, hebt aber hervor, daß virus zunächst zähe Feuchtigkeit, Saft, Schleim bedeute (cymr. heißt das verwandte gwyar Blut). Das wurzelverwandte gr. ios (*ιος*) bedeutet ebenfalls Gift (gleichlautend gibt es ein Wort ios, das Pfeil bedeutet, was mir als Hinweis auf den genitalen Zusammenhang auffällt), nach Prellwitz zu einem Stamm veiso = ergießen gehörig. Übereinstimmend leiten die Sachverständigen die Wörter verwesen und welken von demselben Ursprung wie virus, ios her; dabei scheint der Ton auf dem Dickflüssigen zu liegen (ai. heißt vesati, zerfließen). Nimmt man das deutsche Gift dazu, so hat man einen fast lückenlosen Beweis dafür, daß das Unbewußte Verbindungen zwischen Liebe und Tod kennt, nicht bloß bei den Griechen, die es ja in ihrer Kunst deutlich zeigen — die Darstellungen des Totentanzes in mittelalterlichen und neuzeitlichen Bildern besagen dasselbe, ebenso die Gemälde der Auferstehung —, sondern bei allen Menschen. Im Deutschen haben sich diese Beziehungen am besten erhalten: Gift ist in den Wörtern Mitgift, Brautgift (Morgengabe) bei Namen genannt (jemanden vergeben statt vergiften war früheren Sprachgewohnheiten geläufig und ist noch immer in der Dichtung lebendig); das Gift ist der Samen — dickflüssig = virus, vir —, das Vergiften der Samenerguß — veiso = ergießen —, die Vergiftung die Schwangerschaft (die Rasse wird durch die Befruchtung mit minderwertigem Keimplasma auch für die Folgezeit vergiftet, Kinder aus zweiter Ehe der Frau sind dem ersten Manne ähnlich) und das Hinwelken der Erektion. Verwesen, das zu dem Kreis gehört, bringt die Gruppe in Zusammenhang mit der von der Etymologie so scheu behandelten Wurzel puh- (puteo = stinken, putridus = faul usw.); das Sumpfige des erregten Weiblichen wird dabei angedeutet. Sumpfig, zum Faulen geneigt ist auch der Raum zwischen Vorhaut und Eichel (dickflüssiges, stark riechendes Sekret der Talgdrüsen, Entzündungen dort); da die Vorhaut als weiblicher Teil des männlichen Organs vom Unbewußten aufgefaßt wird (Beschneidung), ist die Ableitung des Worts praeputium = Vorhaut von der Wurzel puh- annehmbar; Walde bringt sie mit puer = Knabe, pubes = Geschlechtsteile zusammen, die aber ebenfalls zu der Wurzel puh- gehören. — Zu virus gehört ferner lat. viesco = welken, schrumpfen (engl. wither = verwittern), vietus = morsch, eingeschrumpft. Auch das Wort viscum = Mistel, Vogelleim ist mit virus verwandt (Vogel ist wohl das bekannteste Symbol des männlichen Geschlechtsteils, der Leim, mit dem der Vogel gefangen wird, ist das zähe, feuchte virus des Weibes; die englische Sitte des Kusses unter dem Mistelzweig verbreitet sich allmählich über ganz Europa).

Wie stark das Unbewußte der Antike die Umarmung des Männlichen durch das Weibliche als tödliche Vergiftung empfand, zeigt die Laokoongruppe: drei männliche Figuren werden von den beiden Schlangen, die, von der Göttin gesandt, Doppelsymbol des Weiblichen sind, getötet; soweit ist das Symbol schon in der Sage gegeben. Das Kunstwerk selber formt das Gleichnis in eigner Weise weiter. Die männliche Gewalt der Dreizahl fesselt den Blick sofort, weil der Mann zwischen den beiden Knaben — der Phallus zwischen den Hoden — unverhältnismäßig groß und kraftvoll ist; selbst der größere Knabe würde dem Vater kaum bis zur Hüfte reichen, und doch ist er nicht als Kind, sondern in Körperbau und Ausdruck als heranwachsender Jüngling gebildet. Das Symbol der Zwei als Weib ist ebenfalls stark hervorgehoben: die Schlangenleiber sind so kunstvoll durcheinander gearbeitet, daß man nur schwer die Tiere einzeln in ihren Krümmungen verfolgen kann, es entsteht der Eindruck eines Lebewesens, einer Eins in der Zwei, eines Weibchens mit umschlingenden Schenkeln. Und daß die Umschlingung des Männlichen sich so oft wiederholt, bis man zweifelt, ob der giftige Biß (virus) oder das pressende Umfangen den Tod herbeiführt, weckt den Schauer, den jeder zuweilen bei der Vision der weiblichen Leidenschaft empfindet: der Umarmung erliegen ist Wonne, aber undeutlich fühlt der Mann zuweilen die Gefahr des Gifts, da er ja nie weiß, ob es Liebe oder Haß ist, dem er erliegen wird, ob das Weib ihn wieder zum Halbgott erhebt oder als Sklaven knechtet (Delilah, Omphale). Verfolgt man die Linienführung der Gruppe, so sieht man die drei Phasen des männlichen Eros: rechts vom Beschauer die beginnende Erregung versinnbildlicht in der größeren Jünglingsfigur: das Männliche wird von der Erregung ergriffen, ist ihr aber noch nicht verfallen. Die Leitlinie geht dann zu dem riesigen Mann über, der schon unlösbar vom Eros umstrickt unter dem drohenden Schlangenbiß den Mund zum Ausstoßen des Schreis öffnet, und sie endet bei der kleinsten Gestalt, bei der im Tode erschlaffenden Knabenfigur, dessen halbgeöffneten Lippen das letzte Leben entströmt. — Zieht man in Betracht, daß die Schlange und die Zweizahl auch als Sinnbild des Männlichen gebraucht werden, so wäre das weibliche Gift ganz ausgeschlossen und der Liebestod des Mannes durch sein Mannsein, durch das Hergeben seiner vires (Kräfte) und den Verlust des Samens (virus = Gift, zähe Flüssigkeit) dargestellt. Die Tatsache, daß Laokoon die Troer warnt, ein Loch in die Stadtmauer zu brechen, spricht für die erste Deutung, da die Stadt mit ihrer Mauer nur als weibliches Symbol aufgefaßt werden kann: das Weib rächt sich an dem Weiberfeind.

Aus dem Spätlatein ist das Wort „Intoxikation = Vergiftung“ in den Sprachgebrauch übergegangen, und von ihm stammen dann eine Reihe von Wörtern, die namentlich in der Ärztesprache eine Rolle spielen (toxisch, Toxin — Antitoxin). Dieses griechisch-lateinische Mischwort verdankt seine Verbreitung der unbewußten Kenntnis vom Vergiftungscharakter der Liebeshandlung. Das griechische toxon (*τοξον*) ist ursprünglich der Bogen, eine intoxicatio kann aber nicht durch den Bogen hervorgerufen werden, sondern nur durch den Bogenschuß, durch den vergiftenden Pfeil. Die Ableitungen des Wortes toxon (toxeyo, *τοξευω* = schießen, toxotes, *τοξοτης* = Bogenschütze) deuten schon an, daß Bogen und Pfeil als Einheit verstanden wurden. In der griechischen Mythologie sind die Geschwister Apollon und Artemis mit Bogen und Pfeil bewaffnet, und von Apollon ist ausdrücklich in der Ilias erwähnt, daß er vergiftete Pfeile, todbringende, benutzte: sein Schuß rief Epidemien hervor. Außer diesen beiden Gottheiten ist vor allem Eros noch mit Bogen und Pfeil bewaffnet, sein Geschoß tötet nicht, aber es vergiftet. Daß mit dem Bogen unter Vermittlung des Bogenspannens die Erektion gemeint ist, während Schuß und Gift auf den Geschlechtsverkehr und den Samenerguß zurückgeht, ist klar; natürlich ist bei der verwickelten Natur der Geschlechtsliebe schon die Erregung, die gegenseitige oder einseitige Begierde Wirkung der erotischen Waffe. Daß der Mythus zunächst die Vergiftung der Frau betont, ist leicht von der Tatsache der Schwangerschaft ableitbar, wobei hinzukommt, daß der Antike es ebenso wie uns bekannt war, wie das weibliche Tier im wahrsten Sinne des Worts mit der Befruchtung durch ein minderwertiges oder andersrassiges Männchen vergiftet wird. Der Samenerguß — Pfeilschuß — führt aber auch die zeitweilige Vergiftung, ja den zeitweiligen Tod des Männlichen herbei, so daß Bogen und Pfeil auch für die weibliche Liebeshandlung symbolisch sind. Von jeher hat das Volk angenommen, daß zum regelrechten Verkehr, vor allem zum Zustandekommen der Empfängnis ein Zusammentreffen des Samens mit dem Erregungssaft des Weibes notwendig sei, eine Meinung, die von der Wissenschaft nicht einmal mehr erörtert wird, obwohl sie richtig sein könnte. In der Etymologie findet sich für die Auffassung, daß Bogen und Pfeil auch weibliches Symbol sind, ein schwacher Anhalt in lat. arcus, das von Fick mit cymr. arffe

= Schoß (arm. argand = Gebärmutter) zusammengebracht wird. — Zu allerlei seltsamen Vermutungen führt die Tatsache, daß die tödliche Waffe Bogen — Pfeil von der sanftkeuschen Artemis, der Herrin des Mondes und der Geburt ebenso wie von dem Gott der heißglühenden Sonne Apollon geführt wird. Artemis war den Griechen nicht jungfräulich, man mag bei ihr wohl das schlimmste Gift des Weibes vermutet haben, heuchlerische Prüderie.

In diesen Zusammenhang fügt sich ein Bild von Jan Steen in der Münchner Galerie ein, „der Arzt“ genannt (Taf. 6); und für uns Ärzte ist es wie eine Auslegung einer der wichtigsten Tatsachen des Arztes, der Übertragung. Man sieht das wohl nicht auf den ersten Blick, denn die beherrschende Figur des Bildes ist weislich im Hintergrunde gehalten: ein Amor steht hoch oben auf einem Schrank der Stubenrückwand, er hält den Pfeil in der Hand, nicht um damit zu schießen, sondern um ihn nach der Kranken, einer jungen Frau, zu werfen. Die Waffe wird nur leicht verwunden, aber sie wird geschleudert werden und muß treffen, wenn anders die Behandlung der Kranken in Gang kommen soll: zur Behandlung gehört die Übertragung, das unbewußte Empfinden des hilfsbedürftigen Kranken, gleichgültig ob Mann, ob Weib, ob alt, ob jung, das Empfinden, in dem der Kranke Kind ist und den Arzt, ohne Wissen und Denken, in Vater und Mutter verwandelt. Meist ist dieses seltsame und einzigartige Verhältnis schon da, ehe der Arzt mit dem Kranken zusammentrifft, das Wort Arzt gehört der Magie an; aber erst die persönliche Begegnung entscheidet, und auch sie nur für kurze Zeit. Die Übertragung, das heißt die harmlose Verwundung und Vergiftung des Kranken durch den vom Eros geschleuderten Pfeil ist die Grundlage aller Behandlung: keine Wunde kann heilen ohne sie, der Splitter im Finger wird vereitern, wo sie nicht da ist, jede Operation wird mißlingen, jedes Leiden sich verschlimmern. Es ist hier nicht der Ort, ausführlicher über dieses Geheimnis zwischen Hilfesuchenden und Helfer — der Helfer braucht nicht Arzt zu sein, nicht einmal Mensch, nicht einmal Tier oder Sache, auch Vorgänge sind Helfer — zu sprechen, es genügt, darauf hinzuweisen, daß der Künstler, der gewiß nur Spott zu geben glaubte, vom Unbewußten gezwungen wurde, tiefernste Wahrheit

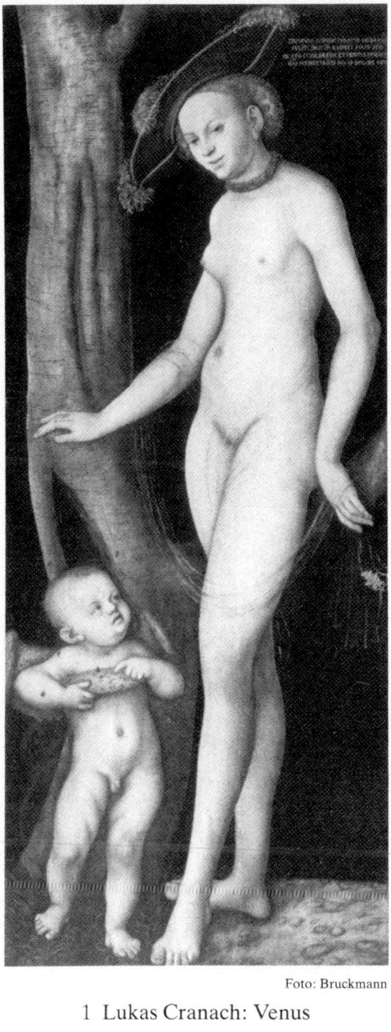

Foto: Bruckmann

1 Lukas Cranach: Venus

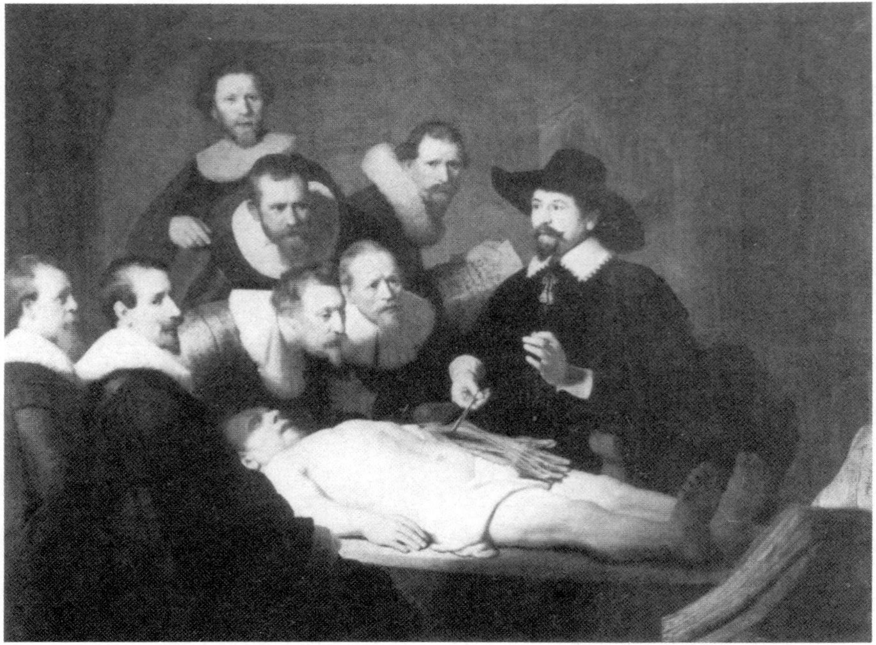

Foto: F. Bruckmann AG., München

2 Rembrandt: Anatomie des Dr. Tulp

3 Sassoferrato: Die drei Lebensalter

4 Dürer: Madonna mit Sternenkrone

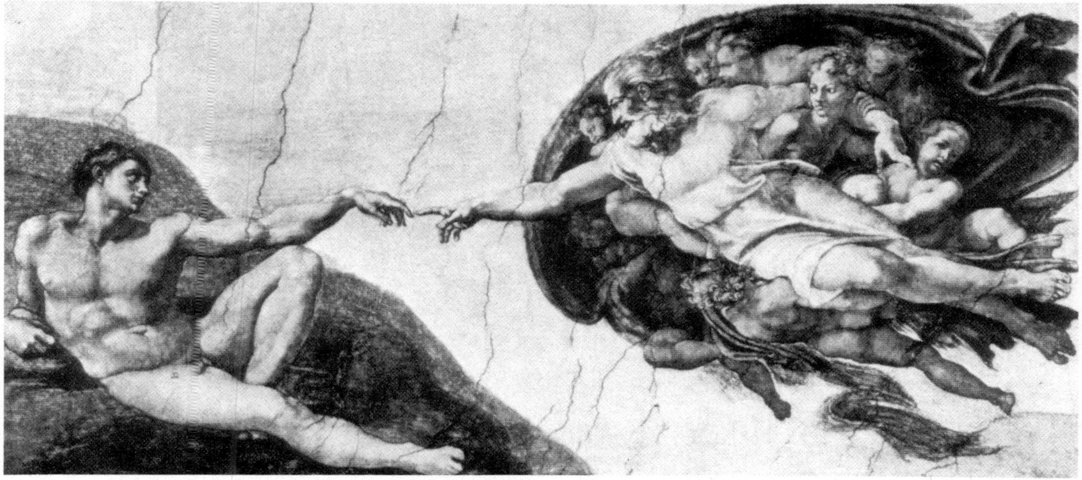

5 Michelangelo: La Creazione dell' uomo

Foto: F. Bruckmann AG., Münche

6 Jan Steen: Der Arzt

Foto: F. Bruckmann AG., München

7 Hans Memling: Madonna mit musizierenden Engeln

8 Dürer: Der Sündenfall

Foto: F. Bruckmann AG., München

9 Michelangelo: La Creazione della Donna

Foto: F. Bruckmann AG., Münch

10 J. Davidsz de Heem: Das große Stilleben mit dem Vogelnest

Foto: F. Bruckmann AG., München

11 Mignon: Das kleine Stilleben mit dem Vogelnest

Foto: M. Gen. der F. Bruckmann AG., München

12 Menzel: Arbeitszimmer Friedrichs des Großen

Foto: M. Gen. der F. Bruckmann AG., München

13 Menzel: Reisepläne

Foto: M. Gen. der F. Bruckmann AG., München

14 Menzel: Beim Lampenlicht

Verzeichnis der Tafeln

zu malen. Das Bild beweist es. Ich sagte schon, der Pfeil wird geschleudert, kann also nicht schwer verletzen; aber dieser Pfeil ist vergiftet. Welcher Art ist das Gift der Übertragung? — Zunächst denkt man wohl an die Gefahr, daß ein ernstes Liebesverhältnis entstehen könnte, und diese Gefahr liegt um so näher, als ja die Neigung des Helfers zu dem Hilfsbedürftigen Voraussetzung alles Helfens — nicht bloß des ärztlichen — ist. Dieser Gefahr — wenn es eine Gefahr ist und die Erfahrung lehrt, daß das Gift eines solchen Liebesverhältnisses am Ende den Arzt, nicht den Kranken umbringt —, dieser Gefahr beugt Sitte und Gesetz vor; allerdings muß man wissen, daß dem Arzt nichts Menschliches fremd sein darf, auch kein menschliches Irren, daß also Sitte und Gesetz oft versagen werden. Aber solch Liebesverhältnis zwischen Arzt und Kranken kann immer nur Ausnahme sein, ganz abgesehen davon, daß es meistens ohne Schaden vorübergeht, es kann ja auch in der Regel nur der weiblichen Kranken gegenüber sich entwickeln. Aber an dem Erospfeil klebt ein andres Gift, das wir unter dem Namen Widerstand kennen, und das kümmert sich weder um Geschlecht noch Alter, es ist immer da. Mit dem Augenblick, da der Pfeil des Eros — oder sagen wir der Übertragung — den Hilfeheischenden trifft, und wenn er ihn auch nur ritzt, entsteht im Innern des meinenden Menschen dieses Gift des Widerstandes, das sich gegen die Genesung richtet — Krankwerden und Kranksein dünkt dem Unbewußten Rettung aus Gefahr zu sein —, es sucht folgerichtig alles und jedes zu erniedrigen, wertlos zu machen, was Genesung bringen könnte, Arznei, Bad, Klima, Umgebung, Pfleger, vor allem den Arzt.

Gewiß kann man Kranke, auch mit Erfolg, behandeln, ohne das mindeste vom Widerstand zu wissen, ja das ist die Regel. Aber wer aufmerksam ärztliches Behandeln verfolgt, sieht sehr bald, daß das bewußte technische Handeln von einem unbewußten Besänftigen begleitet und, wenn es gut geht, geleitet ist. So ist denn in Wahrheit das A und O der Therapie Widerstandsbehandlung, mag die Erkrankung sein, welche sie wolle. Absichtlich die Übertragung herbeizuführen oder zu pflegen, ist gar gefährlich, sie ist immer in ausreichendem Maße da. Daß sie nicht ausschließlich dem Arzt gilt (er ist nur ein Träger dieser Übertragung), zeigt Steens Bild mit einem kleinen Zug, der jeden zum Lachen zwingt, wenn er ihn bemerkt hat. Das kranke Weib öffnet die Schenkel, aber diese Aufforderung zum Tanz gilt nicht dem Arzt, der es nicht einmal bemerkt, sondern einem Symbol, zusammengesetzt aus Weibes Höhle und ragendem Phallus, einem unentbehrlichen Geschirr des Krankenzimmers, das auch schon lüstern nach dem Tummelplatz des Eros zielt.

Erfahrene Ärzte haben gelernt und begabte ahnen es von vornherein, daß das Liebesfeuer und die Zuneigung des Kranken nicht ihrer Person gilt, sondern blinder Zwang des Eros ist. Dieses Feuer scheinbarer Dankbarkeit brennt nur dem Feuer zuliebe. Der Wächter im Krankenzimmer, der Hund weiß das, er weiß, wie wenig das tiefste Herz seiner Herrin gefährdet ist, er sieht in der Haltung und dem Ausdruck der Kranken den Widerstand. — Noch ein zweiter Eros ist auf dem Bilde hinter dem Bett, aber auch er ist tot. — Man wecke ihn nicht.

Im Griechischen ist das gebräuchliche Wort für Mann als männlichen Mann aner (*ανηϱ*). Der Stamm scheint nar zu sein und die Kraft zu betonen. Man bringt aner mit dem sabinischen neriosus = stark zusammen, hat auch sonst eine Menge Wörter aus andern Sprachen herbeigeholt, die bei gleichem Stamm das Kraftvolle hervorheben. Aber damit ist nicht viel erreicht, es fragt sich, worauf sich die Kraft bezieht. Brugmann nimmt eine Verwandtschaft zu den Wörtern neura (*νευϱα*), neuron (*νευϱον*), lat. nervus = Sehne an, aber andre bestreiten das. Folgt man Brugmann, so wird man an das bei vir erwähnte „iphi (*ιφι*) = mit Kraft" erinnert. Der Nominativ würde is (*ις*) lauten und die Sehne bedeuten. Aner würde auf dem Umweg über neriosus—nervus—aner die Fähigkeit zum Spannen der Sehne und damit des Bogens betonen; damit wäre man wieder bei der Symbolgleichung Waffe und Männliches angelangt, bei dem männlichen Eros. Ergänzt man die Vorstellung von Bogen und Pfeil durch die griechischen und lateinischen Wörter für „spannen" — lat. tendo, gr. teino (*τεινω*), dazu gehörig tonus —, so vertieft und verbreitert sich der Wortsinn von aner-nervus bedeutend; man würde dann eher verstehen, warum der Ausdruck nervus allmählich seine zentrale Bedeutung im menschlichen Leben gewonnen hat: nervus tritt dadurch in engste Beziehung zum Liebesleben, zu dem Problem des Menschen Mann-Weib-Kind-Sterben-Werden. Lat. tendo heißt zunächst spannen, ausdehnen, ihm entspricht aber im ai. tandate = läßt nach, tantra = Mattigkeit (Abspannung), tanuh = zart (lat. tenuis, nhd. dünn). Das Ambivalente beim Mann, der unvermeidliche Übergang von schlaff zu stark und von stark zu schlaff (Zwerg-Riese-Zwerg) drückt sich in diesem Bedeutungsspiel derselben Wurzel ten- aus. — Das deutsche „spannen" scheint mit der Wurzel span, mhd. spana = locken zusammenzuhängen, was immerhin auf das Erotische bezogen werden könnte; der Ausdruck Spanne als Maß erinnert an die Volksmeinung, daß die Länge des aufrechten Gliedes der Handspanne entspreche.

In den Zusammenhang Waffe-Männliches gehört ein Ausdruck der griechischen Kunsttheorie (Theorie ist Anschauung, Meinung, subjektives Urteil) „Kanon"; er wurde, wie ich gehört habe, für Polyklets Statue des Doryphoros (Speerträger) gebraucht, den die griechische Kritik als den Maßstab der Kunst betrachtete. Kanon, gr. *κανων*, bedeutet gerader Stab, Rohr. Die Ableitung vom aufgerichteten Gliede ist nicht zu bezweifeln. Ich meine, daß solch ein Wort wie Kanon mehr über die Macht des Eros auf allen Lebensgebieten sagt als lange Abhandlungen.

Das Merkwürdige an der Bezeichnung ist, daß wohl der Speerträger selbst aufrecht steht, aber seine beiden Waffen, Speer und Glied, sind nicht im Moment des Kämpfens dargestellt, sie sind nur zum Kampfe fähig und vorbereitet. Der Speerträger ist nicht allein ein Kanon des Männlichen, sondern in seiner ruhigen Bereitschaft ist er Symbol des Menschen selbst, des Mann-Weib-Kindes. (Die Vorhaut ist immer als Weibliches im Männlichen zu werten, das Kunstwerk braucht beim nackten Mann das Weibliche nicht zu betonen.)

Dieselbe Symbolik drückt sich in der Bezeichnung Doryphoros aus. Das Wort dory (*δορυ*) = Holz, Speer wird von der Wurzel der- abgeleitet, die spalten, schinden bedeutet: während der Wortsinn schinden auf die Entblößung der Eichel bei der Erektion geht, weist spalten auf die Beziehung zum Weibe hin. Verwandt mit dory ist drys (δρυς) = Eiche, Baum, das in dem englischen tree weiterlebt; ebenso ist dendron (δενδρον) = Baum damit verwandt. — Das deutsche Baum (Stammbaum) gibt seine Beziehung zu dem Eros schon durch den Ausdruck „sich bäumen" kund, ebenso lat. arbor, das zu arduus = hoch gehörend, das Wachsen betont. Phoros (φορος) gehört zu phero (φερω) = tragen, lat. fero, Wurzel bhar, von der sich das schwedische barn = Kind ableitet (gebären). Das Spaltende, Schindende des Männlichen wird mit dem Weiblichen des Trächtigseins und Gebärens und mit dem Kindlichen zusammengebracht.

Im Englischen gibt es ein Wort „pal", das ungefähr soviel wie Genosse, Kamerad bedeutet. Es ist verzeihlich, wenn dem Laien dabei das Wort Phallus einfällt, man denkt pal, phallos müsse dasselbe sein wie das deutsche Pfahl und das lateinische palus. Aber solche Gedanken passen nicht zur Gelehrsamkeit. Das lateinische palus, von dem das deutsche Pfahl herkommt, soll durchaus auf paciscor = Vertrag schließen (pax = Friede) zurückgehen. Es fragt sich nur, ob der Mensch den Frieden nicht doch als Ruhe nach dem Liebeskampf, als Erschlaffen nach der Erektion aufgefaßt hat. Mich würde eine solche Annahme befriedigen.

5

Zum Begriff des Menschlichen gehört als dritter Bestandteil das Kindliche. Das deutsche Wort Kind ist, wie ich schon früher erwähnte, von der Wurzel gen, ken abgeleitet; es betont also das Entstehen und die Abstammung, führt nicht zu Merkmalen, die für uns wesentlich sein könnten. Ebenso bezeichnet das griechische Wort teknon (τεκνον) (Zusammenhang mit Degen?) nur das Erzeugen, Erzeugt- und Geborenwerden (tikto, τικτω = gebären, erzeugen). Im Lateinischen gehört in diese Zusammenhänge ein Plural liberi = die Kinder, ein Wort, das als die „Heranwachsenden" zu der indogermanischen Wurzel leudh- hervorkommen, wachsen gehört (got. liudan, ahd. liotan, nhd. Leute, ab. ljud = Volk, lat. liber, gr. eleutheros [ελευθερος] = frei, auch der lateinische Gottesname Liber als Gott der Zeugung). Schon eher gibt das englische Wort child eine Beziehung zu dem Menschlichen, da es möglicherweise mit got. kilthei = Gebärmutter zusammenhängt. Dagegen führt das französische enfant mitten in die unterscheidenden Merkmale hinein, die das tägliche Leben für die Begriffe kindlich und erwachsen aufstellt. Enfant ist spätlateinisch infans (in = Verneinung, fari = sprechen), das Wesen, das nicht spricht (unmündig). Damit ist eine bestimmte zeitliche Grenze, zwar nicht für den Gebrauch, aber für den Begriff gegeben.

Infans: ein Wesen, das nicht sprechen kann, so eine Art Tier, ein Wurm, eine nette Pflanze oder gar ein Püppchen, jedenfalls ein Wesen, das nicht Recht noch Unrecht (fas und nefas von fari) kennt, dessen persönlichen Wert noch keine fama (Gerücht, Ruhm) in die Welt posaunt, das keine confessio (fateor = bekennen), kein Glaubensbekenntnis, ja nicht einmal einen Glauben hat, das ebensowenig von dem fatum (fari), dem allmächtigen Schicksal etwas weiß wie von dem allmächtigen Gott, das keine fabula mit unvermeidlicher Moral ersinnt, sondern nur babbelt (schwed. babbla, nhd. babbeln, engl. baby, allgemein baba, Urwurzel von fari und infans bha- sprechen) und bampft und pampft = essen (dieselbe Wurzel bha-), ein infans, ein Wesen, das nicht spricht, das heißt das nicht denkt; denn denken, so höre ich, tut man in Worten (en arche en ho logos, εν αρχη ην ὁ λογος = Im Anfang war das Wort, Theos en ho logos, ϑεος ην ὁ λογος = Gott war das Wort, Gott sprach: Es werde Licht und es ward Licht).

Nein, das Kind denkt nicht, es dünkt sich auch nicht, hat keinen Dünkel, wovon sich ja das Wort denken herleitet, es ist arrhetos (αρϱητος) = irrational (eigentlich unaussprechlich, unfähig zu sprechen, von gr. eiro, ειρω = sprechen, fragen; es gibt noch ein andres eiro, das angeblich eine andre Wurzel ser- lat. sero hat und aneinanderreihen heißt), während das Nicht-Kind rhetos (ϱητος) = rational und rhetor (ϱητωρ) = Redner ist. Aber das Irrationale hat auch seinen Sinn in der Welt, ja die hohe Wissenschaft — nicht die Gelehrsamkeit — hat von jeher das Irrationale als das Tiefste des Lebens und Webens gekannt und ehrfürchtig staunend geahnt.

Nein, das irrationale Kind infans kann nicht sprechen (eiro), aber es besitzt von Natur eine Eigenschaft, deren Bezeichnung von dem Wort eiro herkommt: eironeia (ειρωνεια) = Ironie. Das infans ist ein Schalk (eiron, ειρων), der etwas scherzhaft äußert, aber es spöttisch meint: es hat für den weisen Mann, mit dem es zuerst zu tun bekommt, ein Lallwort erfunden, das lautet: Papa — Babbler, Pappler. „Du redest soviel, gib mir lieber zu essen", meint infans. Und wahrhaftig, die Gelehrsamkeit ist auf das schalkhafte Lallen des Kindes hereingefallen, sie glaubt heutigentages noch, daß infans beim Anblick des Vaters — pater, pater (πατηρ), père, father, Pabst, Pfaff, Patriarch, alles kommt von diesem Spottwort her —, daß infans den weisen Mann Papa nennt, weil er für Papp sorgt; weil er dem infans „Essen, Speise" bedeutet. — Und wo bleibt die Mama? Hat man je gehört, daß ein Kind an der papilla (Brustwarze des Mannes, leere Brustwarze) gesogen hat oder bevorzugt es die mammilla der Mutterbrust? Komisch; Hybris, Geschwollensein des Mannes, der denkt, des Rhetors, des fatuus (von fari) = Narr.

Dem griechischen eiro entspricht das lateinische verbum, auf deutsch Wort, von dem Kluge behauptet, es sei mit verbum eng verwandt. Die Annahme, daß das gesprochene Wort schöpferisch wirke, scheint sehr alt zu sein, wenigstens nimmt die christlich-jüdische Kulturwelt das an, wie aus den Kapiteln der Genesis und des Johannes-Evangeliums hervorgeht. Seitdem die Bibel nicht mehr Grundlage alles Forschens ist, hat man eine neue Auszeichnung für das Wort gefunden: man spricht von der Magie des Worts. Angeblich stammt die Bezeichnung Magie aus dem chaldäischen Kulturkreis und es scheint etwas gemeint zu sein, was unserm Zaubern entspricht; Zaubern aber wiederum soll sich auf das geschriebene Wort beziehen (Runen). Jedenfalls liegen in dem Wort Kräfte — auch im Namen, Vor- und Zunamen —, die im Leben eine bedeutende Rolle spielen. Waldes Lexikon reibt dies den Ärzten kräftig unter die Nase, wenn es bei dem Wort verbum das ab. vraib = Arzt, Zauberer, Hexenmeister erwähnt. Allerdings steht gleich daneben ein andres ab. Wort vráka = Geschwätz; man lasse sich gewarnt sein.

Nach alledem könnte man auf den Gedanken kommen, daß infans weder Schöpfer noch Zauberer ist. Das wäre ein dummer Gedanke. Denn wer sollte wohl schöpferisch tätig sein, wenn es das infans nicht ist, das alles Menschliche, Leib und Seele, Hirn und Herz, Blut und Säfte erschafft. Wer kann so zaubern wie das Kind, nicht mit Worten, nicht mit Runen, aber durch sein bloßes Dasein?

Die Griechen haben von eiro abgeleitet ein Wort eirene (*ειρηνη*); wir übersetzen es mit „Frieden", aber dabei geht das Charakteristische des Ausdrucks verloren. Dem Griechen war Frieden Geschwätz, wie sie überhaupt Freude daran fanden, das Leben zu verschwatzen und zu zerschwatzen. (Als Darius seine Gesandten nach Art und Wesen der Athener fragte, antworteten sie: „Sie treiben sich auf dem Markt herum und schwatzen = agorazusi, *αγοραζουσι*.") — Die Römer fügen in ihrem Wort pax (papa, pater, fari) der Bedeutung eirene „Gerede“ gar noch den Fraß hinzu (pascor = weiden). Da kann der Germane nichts andres tun als pah sagen — ph —, das verächtliche Lallwort des infans für den Brot bringenden Babbler Vater („mh“ = süße Milch, ma — mamma) Denn dem Germanen ist Friede (Freiheit, freien, Freundschaft) Folge und Ableitung von fri = lieben (germ. frija = lieb, geliebt, angs. fréod = Liebe, fréobeam = Kind, got. frijôn = lieben. Vielleicht hat das römische Wort liberi = Kinder doch etwas mit dem Begriff der Freiheit zu tun. — Nur Kinder sind frei vom Sittengesetz).

Eirene, pax? Nein, Friede. Das lallende Kind ist Friede. „Ehre Gott in der Höhe, Frieden auf Erden und den Menschen ein Wohlgefallen.“ In seiner Nähe geht die Welt auf Zehenspitzen, ist leise und lächelt.

Man kann es dem Magister Faust nicht verdenken, wenn er das Wort so hoch unmöglich schätzen kann. Eher könnte man annehmen, daß das Wort, die Sprache Mittel des Unbewußten sind, die Wahrheit, das Wesen der Dinge zu verschleiern, daß gerade die Eigenschaft des erwachsenen Menschen, in Worten zu denken, das Hindernis der Erkenntnis ist. Tatsache ist und bleibt es, daß alles Wesentliche des Menschen im arrhetos, dem Unsagbaren, Irrationalen vor sich geht, daß auch die Tat nicht der Anfang sein kann — Tat hängt zusammen mit der Wurzel dhe — setzen, stellen; lat. facio, gr. tithemi (τιθημι) —, denn setzen, stellen ist unlösbar mit dem Begriff des Bewußten, des Ichs verbunden. Das Ich ist aber eine Fiktion, ein Irrtum oder um es anders auszudrücken, eine Maske, hinter der sich das Werden und Sein, das Es verbirgt. Und das Werdende ist eben das Kind; je mehr infans es ist, um so werdender ist es, um so näher der Wahrheit. Spaßhaft ist, daß die Grammatik durch den Gebrauch des Ausdrucks „verbum“ sagen (Wort) und tun (Tat) in eins verschmilzt und so die Frage nach dem Anfang ganz verdunkelt. Die Philosophie macht es ebenso mit dem Ausdruck Logik.

Das Wort „wahr“, das im Leben und Streben so große Bedeutung hat, während es doch ohne weiteres klar ist, daß es für uns nur den Begriff „menschenwahr“ gibt, Wahrheit mit dem Zusatz des

Menschlichen, irrende Wahrheit, wahres Irren, das Wort wahr (lat. verus) macht auch den Etymologen zu schaffen. Kluge bringt es kurzerhand und ohne sich um die gelehrten Gegenbeweise zu kümmern, mit der Wurzel wesro, wes zusammen, mit Wesen, sein. Walde dagegen gibt ihm den Sinn „vertrauensvolle, freundliche Hingebung"; allerdings muß man lange bei ihm suchen (unter dem Stichwort severus steht es), ehe man das herausbekommt. Beides scheint mir, sobald man das Werden mit in Betracht zieht, also das Kindlich-Menschliche, zusammenzugehören. Das Kind ist Symbol des Werdens und Wesens so gut wie des Liebens (freundliche Hingabe).

Wenn ich Wesen mit Werden und Sein zusammenbringe und gar mit Kind, dessen Wortabstammung von gen an früherer Stelle hervorgehoben ist, so treibe ich — in sehr unvollkommener Weise — das, was die Wissenschaft Volksetymologie nennt, ohne daß sie ahnt, wie arg sie sich selbst mit dieser Bezeichnung verspottet. Die Gelehrsamkeit denkt nicht daran, Wesen und Werden für verwandt zu halten oder gar verus und verbum mit werden in einem Atem zu nennen. Werden ist für die Etymologie gleich lat. vertere = wenden, drehen. Sie weiß nicht, was sie damit sagt. Sie denkt nicht daran, daß erst durch das Drehen, Wenden des Kindes bei der Geburt aus der Lage mit hängendem Kopf in die königliche (rex = König, regere = aufrichten) Stellung mit dem Kopf nach oben die Welt entsteht, wird, die Welt dessen, den wir Mensch nennen, das Wesen außerhalb des Mutterleibes. Ohne diese Wendung, die eine Grundlage für die menschliche Eigenschaft der Ambivalenz, des Doppellebens und der Doppelerkenntnis ist, gäbe es Menschliches überhaupt nicht, sondern wir würden irgend etwas andres als „wissend" sein. Ich habe früher schon einmal auf die Parallele zwischen dem Ptolomäischen und Kopernikanischen System und der Einstellung des Kindes im Mutterleib und außerhalb des Mutterleibes hingewiesen, auf die mich Egenolf von Roeder aufmerksam machte. Es würde sich der Mühe lohnen, die primitive Denkweise von Menschen zu untersuchen, die in Fuß- oder Steißlage zur Welt kommen, namentlich ihre ambivalente Einstellung.

Die Wurzelverwandtschaft der beiden Wörter Kind und König habe ich früher erwähnt. Die Geschichte sowohl wie das tägliche Leben lehren deutlich, daß das Wesentliche am König Kind ist; je mehr er durch sein bloßes Dasein wirkt, je mehr er arrhetos ist, um so größer ist seine Wirkung, um so mehr ist er König. König Friedrichs des Großen Wort, er sei der erste Diener des Staates, ist falsch und seine eigene Geschichte beweist, daß er erst König als Alter Fritz wurde, als er das Reden und Philosophieren aufgegeben hatte und nur noch schweigsam, wunsch- und hoffnungslos da war, als er sich innerlich zum Kindsein bekannte.

Dicht neben den Wörtern Kind — König stehen zwei andre: Können und Kunde (Kenntnis). Die Überhebung des Erwachsenen nimmt an, das Kind könne nichts, es müsse alles erst lernen. Aber abgesehen davon, daß es den Erwachsenen in seine Dienste zwingt, was doch immerhin ein großes Können voraussetzt und was uns nur mit Mühe zuweilen gelingt, stellt es sich Probleme und löst sie mit vollendeter Genauigkeit, die wir Älteren nur kümmerlich bewältigen und die wir gering achten und in unser Unbewußtes verdrängen, weil wir sie nicht so lösen können wie das Kind. Wann hätten wir je ein Auge aufgebaut? Allenfalls können wir es erhalten, wie es vom Kinde gebaut ist. Oder gar ein Gehirn? Man sollte das Können des Kindes (Fötus, Embryo, befruchtetes Ei) sich täglich wenigstens einmal vor Augen führen; dann würde man allmählich einsehen, was das Kindliche ist, man würde froh sein, Kindliches zu besitzen und endlich ein neues Wort an Stelle des dummdreisten „infantil, Infantilismus" erfinden. In jedem Menschen ist das Infantile, Gott sei Dank. Anders kann er nicht bestehen, viel weniger etwas leisten. Die Bedeutung eines Menschen hängt wesentlich davon ab, wieviel Kindliches, Infantiles er sich in sein späteres, langsam verdummendes Leben gerettet hat.

Was vom Können gilt, gilt auch von Kunde. Das Kind kennt viel mehr als der Erwachsene. Das Unbewußte der Wissenschaft meint das und nichts andres, wenn es den Ausdruck „Gen" gebraucht. Denn „Gen" ist ein naher Verwandter von Gnosis, knowledge, Erkenntnis. Ja, in den Tibetanerklöstern scheint es Menschen zu geben, die diese Kenntnisse des Kindes bewußt und erfolgreich in sich wieder auferwecken und pflegen, und die mittels dieser Kunde und Kenntnis sogenannte physiologische und psychologische Grundgesetze erschüttern, die beweisen, daß unsre Wissenschaft vom Menschen auf einem wackligen und viel zu schmalen Fundament aufgebaut ist.

Das Wort infans spricht dem Kinde, dessen Altersgrenze es auf zwei bis drei Jahre setzt, die Fähigkeit des fari ab, des Sprechens mit Wörtern. Sonstige Formen des Sprechens durch Ausdruck, Bewegung, Stimmung und Stimme, durch Zeigen, Blick, Aufhorchen, Nachahmung, Krankheit stehen dem infans zur Verfügung. Alle diese Arten des Sprechens konnte der Lateiner eher in dem Wort dicere = sagen und in seinen Ableitungen zusammenfassen, da dicere in sich das Zeigen enthält. Im Griechischen entspricht dem dicere das Wort phemi (φημι) = sprechen, das mit phaino (φαινω) = zeigen, phaos (φαος) = Licht, phone (φωνη) = Stimme zusammenhängt. Die Wörter lat. vox, gr. ops (οψ) = Stimme beschränken das Gebiet mehr, schließen aber das babbelnde Kind nicht aus. Ich erwähne es hier, weil sowohl phaino — phemi wie ops zu den sprechenden Augen hinführen, die in der Ophthalmologie eine große Rolle spielen. Im Schwedischen lautet das entsprechende Wort für Sprache tal (ndl. taal). Daß tal ursprünglich mehr umfaßt als das Sprechen mit Wörtern, geht aus seinen mehrfachen Bedeutungen und aus denen des Verbums tala om hervor, noch deutlicher wird es, wenn man das verwandte englische tale = Erzählung, to tell = erzählen, sprechen, talk = Gespräch und das deutsche Zahl, Erzählung hinzuzieht. Das Erzählen ist eine der Sprachformen des Es, bei der es seine stimmlichen Funktionen zur Verwendung bringt.

Merkwürdig für meine Meinung ist die Verwandtschaft des Worts „sprechen“ mit lat. spargo = ausstreuen, ausschütten, die Walde annimmt; er weist dabei auf das Wort sperma = menschlicher Samen hin. Die Verbindung der Sprache mit dem Problem des Sexus (lat. secare = zerschneiden) und dem Individuum (Unteilbares — Einzelmensch als Einheit von Mann—Weib—Kind) ist hier angedeutet.

Warum der Erwachsene mit Wörtern spricht, darüber läßt sich

später diese oder jene Meinung andeuten. Hier will ich nur auf einiges aufmerksam machen, was das Unbewußte über die Ambivalenz der Sprache mit Worten meint. Worte werden sehr oft von Gebärden begleitet, die genau das Gegenteil von dem erzählen, was der Mund spricht (Stottern, Wechsel der Stimmlage, Pausen, Heiserkeit, laut und leise, Haltung des Körpers und seiner Glieder, besonders der Hände, Abwenden der Augen, Kopfnicken, Kopfschütteln usw.). — Der Ausspruch Talleyrands, daß die Sprache dem Menschen gegeben sei, um seine Meinungen zu verbergen, ist verrufen, bleibt aber trotzdem in der Tatsache der Ambivalenz wahr. Auch das Sprichwort: Reden ist Silber, Schweigen ist Gold, beweist, welche gewaltige Sprachkraft das Schweigen hat. Daß mit Schweigen etwas gesagt wird, zeigt das lateinische tacere, das nach Walde mit den aktiven Wörtern air. taihtan = ersticken, cymr. tagn = erwürgen verwandt ist. (Wer schweigt, erwürgt das Wort, aber nicht den Ausdruck. Verdrängung!)

Man sieht, das infans verfügt über dieselben Kräfte wie der fatuus (= Narr), ja im Mutterleibe und bis zum dritten Jahr verfügt es über mehr. Man könnte einwenden, daß befruchtetes Ei, Embryo, Fötus nicht mit in den Begriff Kind hineingezogen werden dürfen. Dann soll man sie auch nicht so nennen. Dann sollen die Weiber aufhören zu sagen: Ich trage ein Kind im Leibe, und die Männer sollen nicht mehr sich rühmen, sie hätten ein Kind gezeugt. Das Kind entsteht nicht durch das Geborenwerden, ja es ist von Ewigkeit zu Ewigkeit, das Kindliche fängt gar nie an und hört nie auf, ehe der Tod alles menschliche Leben zerstört, ein Ereignis, von dem wir nichts wissen.

Die Schweden haben für Kind das Wort barn; sie leiten es in Übereinstimmung mit den Sprachforschern andrer Nationen von „bära = tragen“ ab, das heißt für ihr Sprachunbewußtes beginnt das Kind — ebenso wie für uns Deutsche oder für die Griechen (teknon) — mit der Befruchtung, mit dem Augenblick, wo die Mutter trächtig wird. Elof Hellqvist, dessen etymologisches Lexikon ich zu Rate gezogen habe, ist es bei dieser Ableitung nicht wohl zumute, obgleich er sie anerkennt (bära ist für ihn wie für alle verwandt mit lat. fero, gr. phero, *φεϱω* = tragen); er meint, bära bedeute im Falle des barn föda = nähren, füttern. Vielleicht hat ihn das schwedische Wort barm = Brust (barmherzig), Mutterbrust darauf gebracht (ich werde mich gleich damit beschäftigen), vielleicht ist es auch födas = geboren werden oder lat. foetus. Wer weiß es? Jedenfalls entschlüpft er damit nicht der Feststellung, daß für den Schweden auch schon der Fötus ein barn ist, daß der kleine Schwede nicht erst mit dem födelsedag zu leben beginnt, sondern schon in der livmoder = Gebärmutter (wörtlich Lebensmutter) Kind ist. Ich habe schon früher gezeigt, daß föda und foetus von der Wurzel puh-fuh herkommen. Also auch der Umweg über föda = füttern führt zum Augenblick der Befruchtung, zu dem Verschmelzen von Männlichem und Weiblichem in puh-fuh.

Dieselbe Ansicht, daß das Kind mit der Empfängnis beginnt, spricht sich in lat. puer und puella aus, die ebenfalls von der Wurzel puh- herstammen (verwandt ist das deutsche Bube und das englische boy). Das Lateinische ist deshalb so wichtig, weil in den Wörtern puber, pubertas = geschlechtsreif, Reife die Erfahrung enthalten ist, daß das Kindliche auch nach Eintritt der Mannbarkeit dem Menschen bleibt, ja das Wort pubes = Schamteile beweist, daß das Unbewußte des Lateiners gerade das immer Kindliche der Geschlechtsorgane ausdrücken wollte. Die Dreieinheit Mann-Weib-Kind setzte sich durch.

Um auf das schwedische Wort barm = Brust zurückzukommen, so ist eine enge Verwandtschaft zwischen bära = tragen, trächtig sein und föda = nähren durchaus verständlich. Schon in der Schwangerschaft, während das Kind noch von der livmoder (Gebärmutter) ernährt wird, schwellen die Brüste, werden zum barm — zur stellvertretenden livmoder. Möglich ist auch, daß das Symbolisierende des Unbewußten das Wort barm erfunden hat, weil ihm die Milchsekretion ein Zeugungsakt ist, ein Anschwellen mit darauffolgendem Erguß; Brust und Warze vertreten das Männliche und die Milch den Samen, der saugende Kindermund das Weibliche, das Wachsen und Gedeihen das Kindliche, das „barn“. Im Deutschen ist „Brüste“ dual, abgeleitet von bersten, bresten, brechen. Die Brüste sind die Hoden, das Kind ist das Glied. — Weiße Milch wird im Deutschen für den Samenfluß und den Wochenfluß gebraucht (lat. papilla und mammilla). Die symbolische Gleichung von Weiberbrust und männlichem Geschlechtsorgan hat viele Folgen für das Leben, die freilich wenig bekannt sind. Sie erklärt sich wohl auch daraus, daß das Saugen an der Brust, wer immer es ausübt, einen starken Wollustgenuß beim Weibe auslöst, während andrerseits selbst der sogenannte normale Geschlechtsakt vom Unbewußten als ein Saugen der Vulva und Vagina am Phallus aufgefaßt wird, als eine felatio (felo = säugen, filius = Sohn, filia = Tochter).

Die Meinung, daß das „Kind" schon von der Befruchtung an, vielleicht schon vom Beginn des Lebens auf Erden an (Keimplasma) besteht, daß man also alles, was von diesem Geschehnis an vorgeht, zu dem Menschlich-Kindlichen zu rechnen hat, findet eine Stütze in dem Wort Embryo (gr. embryon [εμβρυον] von bryo [βρυω] = strotzen, sprossen, also wohl: was innen sproßt). Nach Walde und Prellwitz (der als Wurzel geru angibt und es in Verbindung mit barys [βαρυς] = schwer, lat. gravis = schwer, davon graviditas = Schwangerschaft bringt), hängt lat. veru = Spieß mit bryo zusammen, das wiederum in verschiedenen Sprachen Verwandtschaften zu den Begriffen Baum — wie Spieß symbolisch zu Phallus gehörend — und Berg — Schwangerschaft und mons veneris — hat.

Weiter führt die Bedeutung des Wortes bryo als strotzen, sprossen. Für uns Laien führt strotzen ohne weiteres zu dem Strotzen des Phallus; in der Etymologie sei ein Umweg gestattet. Strotzen (germ. Wurzel: strut = schwellen) ist im Englischen in strut = Anschwellung erhalten und mit der Bedeutungsentwicklung „vor Zorn schwellen" im deutschen Strauß = Kampf (angs. das verwandte þrutian = vor Zorn schwellen). Zorn kommt von der Wurzel ter = zerreißen. Es fragt sich, was im „Schwellen vor Zorn" zerrissen wird. Darüber gibt gr. orge (οργη) und lat. ira = Zorn in Verbindung mit einem Ursymbol Aufschluß. Die leidenschaftliche Empfindung des Zorns ist am nächsten der der Liebesleidenschaft verwandt. Sie lodern beide, sind Feuerkinder, Aufwallen und Kochen des Bluts kennzeichnen sie. Sie machen den

Menschen blind. Sie rasen. Und wenn die Geschlechtsleidenschaft dem Manne die Liebeswaffe gibt, so wird dem Zornigen alles zur Waffe. Wie die Raserei der Liebe den Geschlechtsteil gegen das Weib sich aufbäumen läßt, so bäumt sich im Zorn alles gegen die Welt auf. Das Symbol liegt in dem Verhalten des Bluts: wie in der Liebesleidenschaft das Blut zum Geschlechtsteil schießt, steigt es im Zorn zu Kopf (Zornesröte); der Begriff der Franzosen „les yeux rouges" kennzeichnet schlagend die Verwandtschaft von Liebe und Zorn. Man muß diese Zusammenhänge beachten, nicht bloß kennen; in ihnen sind große Gebiete des Lebens aneinandergebunden, sie umfassen Geheimnisse des Menschlichen, die dem, der sie ahnt, ehrfürchtiges Erstaunen aufzwingen. (Von der Geschlechtswurzel puh- geht der Weg über „pubes" zu „pudor = Scham", „pudet = es schämt mich", „pugna = der Kampf" zu „Faust", zur „Wut" und zu „vates = Seher" usw.) Die Zornes- und Schamröte sind Symbole des Eros. Vielleicht dachten die Griechen an diese Dinge, wenn sie dem Eros den Anteros entgegenstellten.

Analog diesen physiologisch-symbolischen Phänomenen ist der Sinn der Wörter orge und ira. Gr. orge (*οργη*) = Trieb, Zorn ist schon in seinen Geschlechtsbeziehungen durch die noch heute gebräuchlichen Wörter Orgie und Orgasmus (Augenblick der Wollust) gekennzeichnet. (Orgia [*οργια*] ist ursprünglich geheimer Gottesdienst, orgion [*οργιων*] = Priester; man wußte von jeher, wie Eros und Gottesvorstellung und Gottesdienst gegen- und ineinander wirken.) Zu alldem bedeutet das Wort orgas (*οργας*) mannbar. Die geheimnisvolle Macht des Worts im Symbol offenbart sich hier: orge hängt zusammen mit ergon (*εργον*) = Werk und dessen Ableitungen. (Organon = Werkzeug, Organ ist davon abgeleitet, das Unbewußte der Sprache drückt es deutlich aus, daß alles bewußte und unbewußte Wirken — durch die Organe des Organismus — vom Eros durchflutet ist.) Werk und Wirken gehören ebenso wie Wirklichkeit zu diesem idg. Stamm werg. Es ist, als ob die Sprache aus sich heraus entscheide, daß ohne orge und orgasmos kein Menschenleben möglich sei, keine Arbeit, kein Wirken. (Daß die Bedeutung des Worts „wirken" auf die Tätigkeit des Webens und

Nähens ausgedehnt worden ist, deren erotischer Ursprung klar ist, darf hervorgehoben werden.) — Die mir zu Gebote stehenden Hilfsmittel erlauben mir nicht zu entscheiden, ob das Wort orego = aufrichten (verwandt mit lat. regere und erigere = aufrichten) irgendwelchen Zusammenhang mit orge und ergon hat. Ich erwähne es hier, weil von orego ein Wort orgyia (ὀϱγυια) = Klafter abgeleitet wird. Das erinnert mich an Sätze, die ich über die Meinung des Worts Spanne gesagt habe; orgyia = Klafter (das Maß der Menschen mit ausgebreiteten Armen entspricht nach der Meinung des Kanon der Körperlänge) und Spanne der Hand sind füreinander dieselben Symbole wie Mann und Glied. — Zu ähnlichen Folgerungen führt das Wort ira. Es wird zu ai. esati, esanyati = treibt an, isyati = erregt in Beziehung gesetzt, wozu dann gr. hieros (ιεϱος) = kräftig, heilig gehört. Das verwandte ai. is = Erquickung, Kraft; gr. iaino (ιαινω) = erquicken, lat. eira = Erregtheit, gr. oistros (οιστϱος) = Wut und oima = stürmischer Angriff vervollständigen zusammen mit den gleichstämmigen Wörtern himeros (ιμεϱος) = Sehnsucht, Wunsch, ios (ιος) = Pfeil, iotes (ιοτης) = Wunsch die Bindung an die Gebiete des Eros.

Bei alledem geht man wohl nicht fehl, wenn man das ter = zerreißen in dem Worte Zorn mit dem Deflorationsakt in Beziehung bringt. Ich muß hier auf eigene Hand ein wenig Volksetymologie zum Besten meiner Meinung treiben. Im Lateinischen gibt es ein Wort vello = reißen, Wurzel dazu ist vel; Walde teilt mit, daß davon das Wort vulnus oder, wie er es schreibt, volnus = Wunde herkomme. Den ersten Eindruck einer Wunde bekommt jeder Mensch bei seiner Geburt durch die Blutung der Mutter und dieser Eindruck verstärkt sich durch das Durchschneiden der Nabelschnur, das dem Neugeborenen eine Wunde am eigenen Körper bringt. Der Begriff Wunde entsteht in jedem Menschen aus den Geburtserlebnissen. In den ersten Kindheitsjahren wird diese Verbindung von Wunde und weiblichem Genital in den regelmäßigen Zwischenräumen der Menstruation bewußt vom Kinde immer wieder hergestellt und für das spätere Alter bleibt im Unbewußten diese Verbindung lebendig, selbst wenn bewußtes Wissen sie nicht mehr wahrhaben will. Sollte es da nicht möglich sein, daß das

Unbewußte der Sprache das Wort vulva — Walde nennt es volva — auch aus der Wurzel vel — velo = zerreißen hergeleitet oder wenn das sprachgesetzlich unmöglich ist, künstlich mit vulnus zusammengebracht hat? Dagegen spricht, daß die Etymologie — vermutlich mit gutem Grunde — volva von volvo = drehen, biegen ableitet, und wie erinnerlich sein mag, habe ich von dieser etymologischen Feststellung an früherer Stelle Gebrauch gemacht. Dafür spricht die ursprüngliche Bedeutung von volva = Eihaut. Mit dem Zerreißen der Eihaut (vel, velo) beginnt für das Kind ein neues Leben, ein Landleben im Gegensatz zu dem bisherigen Leben im Wasser. Man kann diesem Ereignis seine grundlegende Bedeutung nicht absprechen, die Wirkung auf das Kind muß groß und unvergeßlich sein. Diesem ersten Reißen schließt sich dann die Geburt und Abnabelung an, die ursprünglich wohl ein Durchbeißen und Zerreißen gewesen ist, ehe Messer und Schere da waren. Und drittens kommt die Wundblutung der Mutter hinzu. All diese Dinge sprechen sich in der zweiten Bedeutung des Wortes vulva = Gebärmutter aus. Erst spät hat das Wort die Bedeutung der Schamspalte angenommen, in der es jetzt verwendet wird. Auch das ließe sich als Resultat der Menstruationskenntnisse der Kinder deuten.

Das Anschwellende, Strotzende, das in dem Wort Embryo liegt, geht in seinen letzten Wurzeln auf die Tatsache der Erektion zurück, was dem menschlichen Meinen von der Notwendigkeit des Vater-Erzeugers, mit andern Worten der Existenz des Kindes im Samen und Phallus entspricht. Für das Sprachunbewußte entsteht das Kind nicht, es ist immer da, der Geschlechtsakt zieht es nur von dem Männlichen in das Weibliche hinein, damit es dort, in der vom Phallus gerissenen Wunde (vulnus von vello = reißen, Wurzel vel), sprossen (bryo) und zum Sprößling — Kind werden kann.

In dem Wort Sprößling, das ja geradezu für Kind gebraucht wird, wiederholt sich, was eben über das Vorhandensein des Begriffs Kind im Phallus gesagt worden ist. Das Zeitwort ist sprießen, ndl. spruten, engl. sprout. Die westgermanische Wurzel „sprut = hervorspringen“ leitet zum Erguß des Samens hin; zumal wenn man die Ableitungen ags. spreot = Stange, Schaft, ndl. spriet = Spieß, Speer hinzurechnet. Noch deutlicher wird das durch die Feststellung, daß „spritzen" ebenfalls zur Wurzel sprut, spreut gehört, was namentlich im Englischen nachzuweisen ist — sprit heißt dort spritzen und sprießen. Im Griechischen entspricht dem „sprießen" speiro (σπειρω) = streuen, säen, gießen, davon abgeleitet ist sperma (σπερμα) = menschlicher Samen und asparagos (ασπαραγος) = Spargel, eine Pflanze, die als Symbol des Phallus im täglichen Leben und in der Medizin eine große Rolle spielt. Im Lateinischen finden wir das verwandte spargo = streuen, sprengen, spritzen; Walde leitet davon das englische „sprinkle = besprengen, sprühen" ab — im Deutschen wird sprinkeln, sprenkeln für Harnlassen gebraucht —, engl. „spark = Funke", „spring = Frühling" (die Göttin auf Botticellis Bild Prima Vera ist schwanger). Schließlich führt spargo zu aisl. sprek, angs. spreuk, spranka = Schößling (Pflanze).

Aus dieser Fülle greife ich das letzte Wort Schößling heraus, das zu Schoß führt. Man leitet Schoß von einer Wurzel skut=schießen ab. Die Sprachwissenschaft, soweit sie mir bekannt ist, weiß mit diesem Ursprung Schoß = skut, schießen wenig anzufangen, sie geht um die Frage, warum Schoß (Gewandteil, Gewandfalte, Lappen, engl. lap) für das Weibliche gebraucht wird, herum. Sobald man schießen, Schuß mit der Ejakulation des Samens zusammenbringt, was nicht nur gerechtfertigt, sondern eine wichtige symbolische Wahrheit ist, fallen alle Schwierigkeiten fort; dann ist eben Schoß (engl. lap, nhd. Lappen gehört zusammen mit gr. lobos, λοβος = Ohrläppchen, Schamläppchen? und lat. legumen = Hülsenfrucht) die Einfaltung im Hautgewande des Weibes, die Schamspalte mit den Schamlippen, die den Schuß auffängt. Der Schößling wäre das, was im Schoß durch den Schuß entsteht, das Kind. (Elof Hellqvist bringt in seinem schwedischen Wörterbuch unter dem Stichwort scott Schoß der Erde und schützen auf skjuta schießen zurück, angs. scyda; engl. shut = einschließen. Wahrscheinlich hat er recht. Schoß der Kirche. Sicher wie im Mutterschoß, Abrahams Schoß. Ausdrücke wie verschossen, Schuß = Kadettenausdruck für Verliebtheit zwischen älteren und jüngeren Kameraden.)

Zu denselben Folgerungen wie Sprößling, Schößling, daß nämlich das Kind nicht wird, sondern ist — so betrachtet gilt Christi

Wort: „Ehe denn Abraham war, bin ich", von jedem Menschen —, zu denselben Folgerungen führt das Wort Keim, dessen Ewigkeitswert die neuere Wissenschaft in dem Wort und Begriff Keimplasma von neuem betont hat.

Keim, keimen soll von einer Wurzel ki stammen; die beiden Begriffe des Wachsens und Aufbrechens vereinigen sich in dem Wort, und wenn es nicht schon ohne das klar wäre, daß der Keim nicht bloß das Pflanzenkind, sondern ebenso das Menschenkind ist, würde der Sprachgebrauch in der Wendung „keimende Hoffnung" es beweisen. „Hoffnung" ist Schwangerschaft mit dem Wachsen des Kindes und der Erwartung des Aufbrechens der Hülle, der Geburt. Noch weiter zurück in das Kindsein vor der Empfängnis führt das wurzelverwandte (ki-) Wort Keil.

Zu dieser Wurzel ki gehören auch die beiden Ausdrücke „keist = menschlicher und tierischer Samen" und „Keutel = menschlicher Samen". „Keisten" bedeutet onanieren und „keistern" Schleim auswerfen, speien; ebenso wurde und wird Keutel als Bezeichnung für Nasenschleim gebraucht. Die Symbole Nase = Penis, Schleim = Samen, die in der Entstehung der Krankheiten solch große Rolle spielen (Heuschnupfen, Begattung des weiblichen Nasenlochs durch Blütenpollen) klingen hier an; aber ebenso alle sonstigen Erkrankungen mit Schleimabsonderung; allerdings muß man zum Verständnis dieser Zusammenhänge wissen, daß das Unbewußte auch einen Samen und Samenerguß des Weibes kennt. Ich halte es nicht für ausgeschlossen, daß das englische cud=klebrige Flüssigkeit (nhd. Kitt), cuddle = umarmen und ebenso engl. quid = Tabakssaft zu Keut, Keutel Beziehungen haben; allerdings steht davon nichts in den Lexika.

Eine besondere Bedeutung von Keil muß erwähnt werden: es wird ähnlich wie Pflock und Bolzen in dem Sinn des Verschließens eines Lochs, einer Öffnung gebraucht. Damit tritt es ebenso wie die beiden erwähnten Wörter in enge Beziehung zur Schwängerung („das Loch verkeilen"). — In demselben Sinn ist die Redensart „Kind und Kegel" üblich (Kegel ist eng verwandt mit Keil, auch Keule gehört hierher). Die Neunzahl der Kegel bezeichnet den ursächlichen Zusammenhang des Spiels mit dem Geschlechtsakt ausreichend; der Kegelkönig in der Mitte der acht andern Kegel ist Doppelsymbol: Kind und Phallus. — Die Abhängigkeit der Spiele von der Erotik ist bekannt genug, ich werde aber doch an geeigneter Stelle darauf eingehen müssen.

Schließlich muß ich noch die Ableitung von Keil, Kegel, angs. caege erwähnen, das im Englischen in key = Schlüssel weiterlebt. Die Rolle, die das Verlieren und Verlegen des Schlüssels aus sexuellen Verdrängungswünschen im täglichen Leben spielt, ist bekannt. Das Besondere ist, daß key zunächst als musikalisches Zeichen, „Schlüssel", gebraucht wurde. Die Zusammenhänge von Eros und Musik sind eng (Schlüssel = Phallus).

Verwandt mit Keim, Keil ist nach Grimm u. a. das Wort Kiel, Federkiel, während Kluge Schiffskiel ganz anders ableitet. Er deutet an, daß Schiffskiel etwas mit Kehle zu tun haben könnte. Sollte das wahr sein, so wäre das den Etymologen rätselhafte Kielkropf = Wechselbalg, Mißgeburt allenfalls zu deuten. Der Kielkropf wird nach dem Volksglauben mit einer Kröte unter der Zunge geboren. Bringe ich dies in Verbindung mit Kehle, so scheue ich nicht davor zurück, daß die Vorstellung vom Wechselbalg = Teufelskind auf dem Abscheu vor der felatio (Saugen am Gliede) und dem Verschlucken des Samens beruht. Kropf ist an sich eine hervorstehende runde Masse (im anord. kroppr = Rumpf, Leib, Buckel, im ndl. wird es für die Brüste gebraucht, im angs. ist es Baumwipfel, Ähre, Traubenbüschel). Das alles läßt sich in dem Begriff der Rundung des Weiblichen, der Schwangerschaft unterbringen, vor allem der Kropf und das Kröpfen der Vögel, Wörter, die in sich den Sinn von Empfängnis, Schwangerschaft und Geburt enthalten. Zu solcher Auffassung leitet auch die Bezeichnung Adamsapfel (im Schweizer Dialekt wird er auch Kind genannt) hin. Eine Bestätigung ist die Tatsache, daß die Anschwellung der Schilddrüse, die wir gemeinhin Kropf zu nennen pflegen, wie es scheint, immer mit Schwangerschaftsvorstellungen zusammenhängt (Schilddrüsenanschwellung der Pubertät, während der Menstruation). Für das Unbewußte sind eine Menge Speisen, ja auch Wörter und Gesichtseindrücke leibhaftige Befruchtungssymbole, die sich in dem Anschwellen und Wachsen der Gewebe, Organe und Körperteile

(Bauch) offenbaren. — Ich neige auch zu der Ansicht, daß Kiel und Schiffskiel urverwandt sind. Hier möchte ich nur betonen, daß der Schiffskiel ein uraltes Weib — Schwangerschaftssymbol ist. Der Federkiel aber steht in Beziehung zum Vogel, Fliegen, die beide Begattungssymbole sind.

Unklar in ihrer Ableitung sind die im Klang an Kind erinnernden Bezeichnungen für junge Tiere, speziell Zicklein (nhd. Kitze, schwed. killing oder kid, engl. kid, ganz gebräuchlich als Kosewort für Kind. Übrigens ist auch das Wort kind in Schottland üblich. Kille bedeutet im Schwedischen Harlekin, es ist mir aber nicht bekannt, ob das Wort im Puppenspiel verwendet wird. Daß unsre bekannten Figuren, der Hanswurst und der Kasperle und das Spielzeug des Hampelmanns mit erotischer Symbolik zusammenhängen, nehme ich an.). Auffallend ist die Ableitung, die Weekley für das Wort kidney = Niere gibt. Er nimmt an, daß die letzte Silbe (kiden-ey) das deutsche Ei, eventuell der Hoden ist, während die ersten Silben von ihm mit cud, quid = klebrig zusammengebracht werden, Wörter, die ich früher erwähnt habe; auch an chitterling = Kutteln, Gekröse denkt er dabei (chit ist kleines Kind). Ist die Ableitung richtig, so würde sie eine der mächtigsten Symbolgleichungen „Niere = Hoden“ betreffen. (Der Herr, der Herz und Nieren prüft. Zusammenhänge von Harnlassen und Samenerguß, gegenseitige Stellvertretung, gr. nephros [νεφρος] = Niere, Hode.)

Um die Dreiheit Männlich-Weiblich-Kindlich in der Einheit Kind sich klar zu machen ist es bequemer, das Wesen des Knaben zu verfolgen; bei ihm ist die Dreiheit deutlicher ausgeprägt, vor allem das Kindliche. Ich erwähnte schon, daß bei dem kleinen Mädchen im frühesten Alter — schon im ersten Lebensjahr — die Geschlechtlichkeit dem Manne gegenüber sich wesentlich anders äußert als der Frau gegenüber; das Mädchen ist — man könnte sagen von Geburt an — ausschließlich dem Manne gegenüber kokett und die Frau behält diese Eigentümlichkeit das ganze Leben lang. Bei dem Mädchen ist die Bisexualität gewiß ebenso stark wie beim Knaben, ja man hat Grund anzunehmen, daß die gleichgeschlechtliche Erotik des Weibes mächtiger ist als die des Mannes, und daß sie während des ganzen Lebens deutlich und dauernd hervortritt.

Aber das Gleichgeschlechtliche und Gegengeschlechtliche ist von vornherein scharf getrennt. Beim Knaben ist von solcher Unterscheidung nicht die Rede, ja vielleicht tritt diese Trennung der beiden Richtungen bei dem Manne überhaupt nicht ein, sondern an Stelle der Trennung steht ein Verdrängen oder ein Umgestalten in Freundschaft. Unsre modernen Sitten gestatten nicht, darüber sich feste Meinungen zu bilden.

Über den Mann im Knaben brauche ich nicht viel zu sagen; er verrät sich in jeder Bewegung (Art des Tragens, der Stellung, der Knabe kniet viel im Gegensatz zum Mädchen, das das Hocken bevorzugt usw.). Ich weise aber besonders darauf hin, daß schon im kleinsten Knaben derselbe seltsame Wechsel zwischen Kindseinwollen und Mannseinwollen vorhanden ist wie beim Manne (Großtuerei und Ängstlichkeit).

Es hieße Eulen nach Athen tragen, wenn ich in dieser Zeit, wo alle Welt besser mit den Entdeckungen Freuds Bescheid weiß als Freud selber, auf die erotischen Eigentümlichkeiten des Kindes eingehen wollte. Man tut gut bei ohrenbetäubendem Lärm ganz zu schweigen, und wenn man das nicht aushalten kann, soll man die kurzen Pausen im Geschrei benutzen, um das eine oder andre Wort zu sagen. Viel erreichen läßt sich damit nicht. Lieber weise ich auf eine Eigentümlichkeit des neugeborenen Kindes hin, die ein jeder bestätigen wird: es sieht uralt aus. Und uralt ist es ja auch; wie ich vorhin sagte: es ist, ehe Abraham war. Die embryonale Zeit im Mutterleibe beweist nun gar, daß es noch viel älter ist als Abraham, daß es so alt ist wie das Leben selbst. Man kann, wenn man am Paradoxen Freude hat, mit Recht sagen, daß der Mensch von der Empfängnis an jünger und jünger wird, und wer dazu geneigt ist, solch ein Paradoxon bis ans Ende durchzudenken, wird erstaunt sein, wie viele Probleme des menschlichen Lebens dadurch in ein andres Licht kommen. Es würde begreiflich werden, daß das Kind vom Leben tausendmal mehr weiß als der Erwachsene, daß es vor allem das Urwissen und Urkönnen noch besitzt, zu leben und nur zu leben. Denn das Kind ist infans-irrational. Es hat noch nicht den Tyrannen „Ich“ erfunden, hinter dem sich das Es und das Leben verbergen.

Die Bezeichnung Kind (child) enthält in sich keine scharfe Altersgrenze; für die deutschen Mütter hört das Kindsein ihrer Brut nie auf. Das Wort infans (enfant) läßt das Kindsein mit der Fähigkeit des Sprechens endigen; an seine Stelle tritt das Wort puer (gr. pais, *παις*, Wurzel puh-), das die Entwicklung der Genitalität betont, während im Griechischen teknon (tikto = gestalten) das Ende des Wachstums hervorhebt. (Das Wort pais gibt mir willkommene Gelegenheit, die Beurteilung der Wörter nach den Lautverschiebungen ein wenig zu verspotten. Wir alle kennen das Verschen „Eia popeia, eia popei". Wer sollte vermuten, daß es lautverschobenes Griechisch ist? Und doch ist es so. Das griechische Kindermädchen eines deutschen Kaisersohns — die Mutter war Griechin — sang ihrem Pflegling die Worte vor:

eude	mu	paidion,	eude	mu	pai
(*εὐδέ*	*μου*	*παίδιον,*	*εὐδέ*	*μου*	*παί*)
Schlafe	mein	Kindlein,	schlafe	mein	Kind

und die lauschenden Mägde machten daraus „eia popeia".)

Brephos (*βϱεφος*) (Wurzel grebho = empfangen) ist die Leibesfrucht, das Neugeborene. Wörter wie baby, schwed. barn beschränken das Kindsein auf die Zeit des Getragenwerdens, die Zeit vor dem Gehenlernen. Im Deutschen und anderswo gibt es noch das Wort Säugling, das sich im wesentlichen auf das Nahrungsverhältnis des Kindes zur Mutter (Amme) bezieht und so zeitlich abgeschlossen ist. Ich erwähne es besonders, weil unter die Verwandtschaften dieses Worts von der Etymologie (Walde), allerdings zaghaft, das Wort sus = Sau eingeschaltet wird; Walde deutet an, daß sucus = Saft, sugere = saugen mit sus = Sau eine gemeinsame Wurzel su = gebären, zeugen haben könne; das griechische hys (*ὗς*) würde dazugehören. Ich vermute, daß hinter dieser gegen die Gewohnheiten der Etymologen verstoßenden Annahme — sie findet sich bei Walde nicht unter sucus, sondern unter sus — eine unbewußte Gewalt steckt, da die Verbindung Mutter-Schlachten-Sau noch jetzt in den kindlichen Symbolphantasien eine Rolle spielt. Uns großen gebildeten Leuten erscheint das absurd und abscheulich. Aber ich darf daran erinnern, daß das Schwein für unsre nordischen Vorfahren das heilige Tier war, und daß es für ganze Volksrassen und Religionen tabu ist.

Ich habe lange versucht, in den europäischen Wörtern für Kind einen Hinweis auf die wichtigste Tatsache im Kindesalter zu finden auf die Tatsache, daß dem Kinde das Wort und wohl auch der Begriff „Ich" fehlt. Meine Hoffnung und mein Wunsch ist, daß Sprachkundige auch dafür Anhaltspunkte geben werden. Unwissend zu sein hat viele Vorteile, weil man unbedenklich der Gefahr des Irrtums gegenübertritt; es hat Nachteile, die aber durch die besser Unterrichteten ausgeglichen werden können.

Damit komme ich auf die auffallenden Eigentümlichkeiten des Kindeslebens zu sprechen und freue mich, daß es auch auf meinem Wege möglich ist, die Altersgrenze des Kindes in Übereinstimmung mit den psychoanalytischen Forschungen Freuds in das dritte Lebensjahr zu legen. Allerdings muß ich dabei nochmals betonen, daß mit dieser Grenze das Kind im Menschen nicht aufhört, das ist immer da und scheint mir königliche Machtvollkommenheit während des ganzen Lebens zu haben. Das Ziel und Ende des Menschen ist für mich und meine Meinung immer und unter allen Umständen das Wiederkindwerden; der Unterschied ist nur, ob man ein kindliches oder kindisches Kind wird; das Alter benutzt beide Erscheinungen. Und die, die vorzeitig sterben, entgehen dem Kindwerden doch nicht. Im Sterben — wer die Erscheinungen des Sterbens aufmerksam erwägt, weiß es —, im Sterben ist der Mensch immer Kind.

Drei grundlegende Wesenseigenschaften der Kinder möchte ich hier besprechen, ohne damit behaupten zu wollen, daß man nicht von andern Gesichtspunkten Meinungen aufstellen dürfe: das Kind ist irrational, unpersönlich, immoral.

Auf der Tatsache des Irrationalen im Kind beruht die seltsame Annahme des Menschen, daß das Kind nichts leiste, jedenfalls weniger als der Erwachsene. Wenn man sich das Wirkliche im Kindeshandeln und im Handeln des Erwachsenen ansieht, so kommt man zu dem umgekehrten Ergebnis. Für die erste Lebenszeit nach der Geburt gilt das nicht minder als für den Aufbau im Mutterleibe. Das Lernen, mit den Augen zu sehen, mit den Ohren zu hören, mit dem Munde zu saugen und zu atmen, ist sicherlich anstrengend, und die Bewältigung der unzähligen Aufgaben, die das Kind beim Aufbau seiner Welt lösen muß, ist eine Leistung, mit der sich nichts andres vergleichen läßt. Das Kind ist in Wahrheit Weltenschöpfer. Licht und Schall, Baum und Berg, Mann und Maus, alles ist sein Werk. Was es nicht aus sich heraus erschafft, ist Gut und Böse, Recht und Unrecht, denkend Streben, strebendes Sichbemühen. Der Immoralist Nietzsches ist keine Illusion, das Kind ist immoral.

Zu denken, man könne oder wolle auch nur dieses tiefste Problem des Menschen von Gut und Böse lösen, wäre Vermessenheit. Und doch kann der Mensch nicht anders, als daran herumraten. Es ist der Inhalt seines Lebens. „Ihr werdet sein wie Gott, wissend, was gut und böse", so spricht die Schlange, die auf dem Bauch kriechen muß ihr Leben lang. Wissen wir denn, was gut und böse ist?

Unser Gewissen sagt es uns. — Nein, unser Gewissen sagt es uns nicht. Heute gilt uns böse, was uns gestern gut dünkte, und morgen ist gut, was wir heute verdammen. Das Gewissen des Alten ist ein andres als das des Jungen, das des Kriegers lobt, was der friedliche Bürger tadelt, das des Renaissancemenschen verwirft, was das Mittelalter heilig hielt, der Chinese urteilt anders als der Europäer, der antike Mensch würde sich vor sich selbst ekeln, wenn er unsern Begriff „Gut und Böse" annehmen sollte. Und eine Menschenklasse gibt es, die kennt das Gewissen nicht, die infantes, die Kinder. Ihrer aber ist das Himmelreich.

„An sich ist nichts weder gut noch böse, das Denken macht es erst dazu." Dies Shakespearewort schrieb mir mein ältester Bruder in das Stammbuch, das ich als Knabe führte. Es ist ein christliches Wort, entspricht dem Satze des Menschensohns: „Richtet nicht!"

Das alles ist in den Wind gesprochen, niemand kümmert sich darum, niemand kann danach leben, niemand empfindet es als die Gotteslästerung, die es ist, von Gut und Böse zu sprechen, was mit Gottes Willen und durch seinen Willen geschieht, Sünde zu nennen. Nur das Kind, das Kind kennt keine Sünde, obwohl es alles besitzt und ausübt, was wir Laster nennen. Es ist irrational und deshalb jenseits von Gut und Böse, es ist immoral und deshalb rein, es ist frei vom Ich und deshalb schamlos und keusch.

Über das Wort „keusch“ gibt die Sprachwissenschaft höchst unvollkommene Auskunft. Im wesentlichen beschränkt man sich auf die Übersetzung „rein“ und auf ein paar ähnliche Ausdrücke andrer Sprachen, die auch rein, zart bedeuten. Was aber ist rein? Keusch ist eben eine besondere Art rein. Am ehesten — und darin scheinen einige Sachverständige übereinzustimmen — könnte man der Meinung beistimmen, die „keusch“ mit geheimen Kulten zusammenbringt. Damit wäre das Mysterium der Gemeinschaftlichkeit und der Liebeshandlung unter Ausschluß Uneingeweihter nahegelegt. Grimm (auch der Schwede Hellqvist, schwed. kysk = keusch) bringt das Wort in eine Art Zusammenhang mit keusan, kiesen, küren (schwed. tjusk, kora). Keuschheit würde damit die Reinheit im Auswählen und Ausgewählten sein. — Ein nicht ganz bewiesener Zusammenhang muß erwähnt werden keusch und castus. Castus kann und wird als verwandt mit kastriert betrachtet, und man geht dabei auf das zurück, was ich vorhin erwähnte, daß keusch mit Opferkulten zusammenhängt. Das würde eine geschichtliche Art der Betrachtung sein. Es gibt aber noch eine andre Möglichkeit. Der Kastrierte hat die Fähigkeit des Samenergusses verloren. Seine Erotik schließt die Fortpflanzungsidee vollständig aus, sie ist nur Erotik, nicht vermischt mit der Idee des Kindes. So ist in gewissem Sinne die Erotik des Kastrierten die einzige unvermischte reine Liebeshandlung, die im Dienste der Gottheit Berechtigung hat. Wenn das richtig ist, so ist in dem Wort keusche Frau ein tiefer Sinn verborgen. Ich habe bei früherer Gelegenheit erwähnt, daß bei dem Geschlechtsgenuß der Mann immer das Kind in seinem unbewußten Denken mitbeteiligt, die Frau nie. Der Gedanke an die Möglichkeit des Zeugens gehört aber nicht in das Lieben hinein, es ist dann nicht mehr reines Lieben; man kommt auf diesem Wege zu dem Schluß, daß die Frau ohne weiteres keusch sein kann, rein lieben kann, während der Mann dazu kastriert sein muß.

Ich habe vorhin die beiden Wörter „schamlos“ und „keusch“ mit Absicht nebeneinandergestellt; nicht weil ich annehme, daß der Schamlose keusch sei, aber weil es meine Überzeugung ist, daß der

Mensch in den kurzen und hochherrlichen Zeiträumen des Keuschseins keine Scham empfindet. Nur der schämt sich, der seinem Ich Bedeutung gibt, der dies Ich mit der Welt in Gegensatz bringt, der sich nicht für einen Teil, sondern für ein Ganzes hält. Keuschheit setzt voraus, daß man sich seiner selbst entäußert, daß man in Harmonie mit dem Schicksal Menschsein ist. Keuschheit ist ebensowenig wie Scham eine Eigenschaft des Menschlichen, sondern ein gelegentlicher Zustand, der nur dann eintritt, wenn man sein Ich verliert. Deshalb kann es wohl eine Keuschheit zu zweit geben, wenn die völlige gegenseitige Hingabe des einen an den andern und des andern an den einen zustande kommt, und diese Keuschheit ist durchtränkt vom köstlichen Genießen ohne Scham und Sündenbewußtsein. — Nur wer begreift, daß Keuschheit Gemeinsamkeit zur Voraussetzung hat, kann verstehen, daß das Verhältnis Mutter-Kind, Kind-Mutter keusch ist, obwohl es wie kein andres Verhältnis in jeder Beziehung erotisch ist.

Wie tief und fest diese Auffassung der Keuschheit im Unbewußten der Kunst verwurzelt ist, beweist eines der keuschesten Gemälde der Florentiner Uffizien, eine Madonna mit dem Christuskind und Engeln von Hans Memling (Taf. 7). Man braucht es nicht erst zu sagen, daß die einzig vollkommene Symbolisierung des Menschen, des Männlich-Weiblich-Kindlichen die Mutter mit dem Sohn auf dem Schoß ist. Deshalb wohl hat die Kunst das unbewußte Motiv der Madonna mit dem Knaben auf ihrem Weibesschoß unaufhörlich dargestellt und stellt es immer wieder dar; selbst unsre erbärmlich unchristliche und rationalistische Zeit wird unwiderstehlich von dem Madonnenbild angezogen. Memlings Gemälde ist ein keuscher Hymnus auf die Vereinigung von Mann und Weib und auf die Ekstase bei dieser Vereinigung. Wie so oft sind die Figuren im Dreieck angeordnet, dem tiefen Wahrzeichen des Menschen, ja diese Anordnung wird noch überboten dadurch, daß der Thron der Madonna den Blick weiter aufwärts führt bis zu den auseinanderweichenden Schenkeln einer Girlande. Worum es sich handelt, zeigen Sechszahl und Dreipaar der Amoretten-Engel, die die Blumengewinde spreizen: der weiblichen Sechs ist die männliche Drei beigesellt. An den Pfeilern, die das Gemälde einschließen, sind die symbolischen Tiere der Mann-Weib-Vereinigung angebracht, Schnecke und Eidechse.

Vor aufwühlende Fragen stellt uns das Verhalten des Christuskindes. Daß es sich von der Frau, die ihm Mutter gewesen ist, abwendet der Welt zu, ist menschlich notwendig; könnte man doch das Leben des Menschen sehr wohl als ein Sichlösen von der Mutter betrachten, das schon mit der Empfängnis beginnt, in der Geburt den Fortgang nimmt und über das Hinabstreben von Brust und Schoß, über Verlassen des Heims und der erotischen Bindung zum Suchen und Finden der neuen Mutter in der Geliebten, zu dem Verzichten auf diese neue Mutter zugunsten des Sohns, zum zweiten Kindsein des Greises und schließlich zur Urmutter Erde führt. Einen seltsamen Hinweis aber gibt das Unbewußte der Kunst in dem Apfel, dem das Kind sich zuwendet. Christus greift nach dem Apfel, und der Apfel ist die Sünde, das Seinwollen wie Gott, wissend, was gut und böse. Man sehe die beiden Engel an: der linke vom Menschensohn spielt mit ernstem, fast traurigem Ausdruck die Harfe, der rechte lächelt ein seltsames Lächeln, ein lockend zärtliches; er bietet den Apfel an, und Christus greift danach, wie alle Menschen nach dem Apfel greifen. Man versteht es kaum, wie der religiöse Mensch — nicht die Kirche, bei deren Entwicklung ist es folgerecht, daß sie den Christus als sündenlos hinstellt, sie hat es mit vollem Bewußtsein und erst nach langen Kämpfen getan —, wie der religiöse Mensch das Wissen um das Menschsein des Christus so völlig verdrängt hat. Niemand glaubt seinem Wort vom Menschensohn, niemand glaubt an das Menschwerden des Gottes, was doch Anfang und Ende des Christentums ist. Die Kirchengläubigen lassen ihn nie Mensch werden — zum Menschen gehört alles Menschliche, auch das, was wir Sünde nennen, in frevelhafter Überhebung freilich nennen wir es so, da ja jeder, der an Wort und Begriff Sünde glaubt, sich Gott gleichstellt, den Gott selbst zum Ursprung und bewußten Schöpfer der Sünde macht —, den Kirchengläubigen bleibt Christus auch auf Erden Gott. Andre nehmen ihm das Gottsein ganz, ihnen ist er nur Mensch; man weiß nicht, soll man diese freien Geister noch Christen nennen, oder spielen sie nur mit Begriffen, in denen keine Bedeutung mehr ist.

Nein, niemand glaubt mehr an den Menschensohn, an den Gott, der freiwillig aufhört Gott zu sein und Mensch wird, der in der Dumpfheit des Menschen lebt, liebt und haßt, verflucht und segnet, der müßig den Tag verbringt, wandernd und unstät, unwissend wie jeder andre, was gut und böse ist, aber immer wieder voll menschlicher Anmaßung richtet und Strafen der Ewigkeit androht, der an Gott glaubt und an Gott zweifelt, der Mensch ist, allem Menschlichen unterworfen, der als Mensch stirbt und wieder Gott wird. Niemand glaubt mehr? Das Unbewußte glaubt, es kann nicht anders als glauben, daß Gott Mensch wurde, wie wir Menschen sind, unseresgleichen, mit allen Vorzügen und allen Fehlern, mit allen Tugenden und allen Lastern. Christus wies selbst in heißem Zorneswort die freche Schmeichelei „Rabbi, guter Meister“ zurück, die Evangelien erzählen auf jeder Seite, daß er war, was der Pharisäer in uns — und Christus war gewiß ebenso Pharisäer, wie jeder Mensch es ist — Sünder nennt. Das weiß das Unbewußte. Es weiß aber auch, daß sich der Mensch Christus nur als Kind oder als Toter darstellen läßt. Wir wollen alle sein wie Gott, für uns Menschen gilt das Wort, das der Dichter des Worts selber das Böse nannte — „Wer immer strebend sich bemüht, den können wir erlösen“ — als Richtschnur, wir können nicht ohne den Irrtum, daß es Gut und Böse gebe, leben; und weil es solch Gut und Böse nicht gibt, mußten wir den guten Menschen erfinden, Christus mußte und sollte gut sein. Aber sobald der Christus sprechen kann, wehrt er sich gegen dieses angedichtete Gutsein. So blieb für die Kunst, wenn anders sie den sündlosen Christus bilden wollte, nur diese Möglichkeit, ihn als Kind oder als Sterbenden, ja als Toten darzustellen, als einen, der nicht nein sagen kann, wenn er verleumdet wird. Tatsächlich gibt es kein einziges Bild des Menschensohns als Mann, das des Ansehens wert wäre. Da war aber die Ironie des Lebens bequem zur Hand, die den Menschen glauben macht, daß das Kind sündlos sei; mit Hilfe dieser merkwürdigen Fälschung unseres Urteils gelang es, einen sündlosen, in Wahrheit immoralen Christus zu malen. Nur freilich, das Unbewußte läßt sich nicht betrügen, und da es weiß, daß gerade das Kind der gewissenlose Verbrecher ist, Dieb, Mörder, Lüstling, Gottesleugner, muß der Maler, je frömmer er ist, um so sichtbarer, aus dem Unbewußten heraus ohne Absicht und Willen die Symbole der Sünde beigesellen: Memlings Christuskind greift nach dem Apfel. Der Engel, der ihn verführt, hält Geige und Bogen in der Hand, die Wahrzeichen der Liebe der Geschlechter. Wer die Handlung weiter zu denken sucht, weiß, daß der Engel das Spiel vom Wissen, was gut und böse ist, beginnt, sobald das Kind in den Apfel beißt. Über diesem Engel ist das prangende Schloß der Lust gemalt; der harfende Engel, um den das Kind sich nicht kümmert, hat die Mühle über sich. In der linken Hand hält das Kind die Kirsche, seine Mutter hält den einen Fuß umfaßt, und ihre Rechte läßt uns wissen, daß sie ihn gelehrt hat, was Lust ist. Jede Mutter unterweist ihr Kind darin, wenn solches Unterweisen nötig ist, was der Verfasser nicht glaubt, das Wissen ist angeboren. Seit Adam und Eva den Apfel gemeinsam und doch jedes für sich aßen, verfällt jeder Menschensohn diesem Irrtum, zu sein wie Gott mit der unentrinnbaren Trennung von Ich und All, und dann schämt er sich seiner Nacktheit und verleugnet sein Menschsein.

Bei früherer Gelegenheit habe ich behauptet, daß das Kind die Umwelt als Symbolwelt wahrnimmt. Den Beweis dafür liefert jedes Kind in seinen ersten Lebensjahren, wo ihm der Stuhl durchaus nicht ein Stuhl ist, sondern ein Pferd, ein wirkliches lebendiges Pferd oder ein Haus mit lebendigen Bewohnern oder sonst irgend etwas. Ja, selbst der Erwachsene lebt weiter in der Symbolwelt, nur versteckt er das vor sich und andern, weil er ja so gerne groß sein möchte. Selbst die nüchternen, angeblich phantasielosen Tatsachenmenschen leben, wenn man sie ehrlich betrachtet, in der Phantasiewelt des Symbols, und nicht anders ist es mit den unbeirrbaren Leugnern der Menschenwelt, den Philosophen und Denkern, denen, die Abstrakte von sich selbst auf eigne Hand machen wollen und sich doch nicht trauen, das Ding an sich zu begreifen.

Auch dafür, daß das Kind in der Symbolwelt lebt, lassen sich in der Kunst des Kindes Beispiele finden. Seine eignen Zeichnungen stecken voll von Symbolen oder verstecken sie. Jedes Kind arbeitet bei der Darstellung des Menschen mit zwei Begriffen: runde Höhle und gestreckte Form: Weibliches und Männliches; der Bauch ist ihm hohler Raum, ja auch die Kleidung ist es, und alle Gliedmaßen werden Abbilder des einen Gliedes. Dagegen wird kein Kind das Eins-Zwei-Drei-Symbol der Hoden mitzeichnen. Die Hoden sind tabu für Kinder und große Leute, wahrscheinlich das einzige überall gültige Tabu.

Das klassische Bilderbuch des Kindes „Struwelpeter" darf ich nicht übergehen. Seine weite Verbreitung verdankt es der Tatsache, daß sein Verfasser, Dr. Hoffmann, ein kindlicher Dichter von Gottes Gnaden war, der überall das Symbol sah und danach handelte. Ich berufe mich auf die Geschichte von Hanns Guck-in-die-Luft.

Dreierlei sieht das Kind in sämtlichen Bildern des Hanns Guck-in-die-Luft: die Pflastersteine, die rote Mappe und die Figur des Hanns. Die Pflastersteine erscheinen in fast unveränderter Form, sie geben den Bildern den Untergrund, sie zeigen an — auch dem Kind und dem erst recht —, daß, was geschieht, überall ist, so daß man darauf tritt. Mappe und Hanns verändern sich in einzelnen Bildern, sie geben die Aufschlüsse über den Sinn der Ereignisse. In Bild eins und drei ist Hanns bis auf geringe Abweichungen ein und derselbe, er hat das rechte Bein straff nach vorn gestreckt, der Kopf ist hochgehoben und der Mund offen; der Hund kommt ihm mit langem ausholendem Sprung entgegengerannt. Die Mappe drückt der Knabe mit dem linken Arm an sich. Und nun kommt auf dem ersten Bilde ein Zusatz, der es weit über die Erzählung hinaus bedeutend macht und diese Geschichte für Kinder in das allgemein Menschliche erhebt: In der Luft sieht man drei Vögel.

Man könnte annehmen, daß diese drei Vögel das Hinaufstarren des Knaben erklären sollen. Aber nach dem Titel der Verse guckt der Junge in die Luft, und der entscheidende Vers lautet: „Hännslein blickte unverwandt in die Luft." Und dann, in den spätern Bildern treten an die Stelle der Vögel drei Fische.

Was ist es mit der Drei? Die Drei ist die Zahl der Männlichkeit, des typisch Männlichen; sie setzt sich zusammen aus eins und zwei, dem männlichen Gliede und den beiden Hoden. Wenn man die Figur der drei Vögel ansieht, bemerkt man, daß sie in der Figur des Männlichen angeordnet sind unter Betonung der Tatsache, daß beim Manne die Hoden nicht gleichmäßig stehen, sondern der eine tiefer als der andre. Während so in den drei Vögeln und den drei Fischen der gewöhnliche Zustand des Männlichen dargestellt ist, symbolisiert Hanns selbst den Zustand der Erektion. Alle Kinder wissen auf irrationale Weise die Fakten des Eros und seiner Funktionen. Weder das Männliche noch das Weibliche noch beider Vermischung mit der Folge von Schwangerschaft und Geburt sind dem kleinen Kind (vor Vollendung des dritten Jahrs) rätselhaft.

Verfolgt man die Idee, daß die drei Vögel nicht nur Ornament sind, sondern etwas bedeuten, weiter, so bemerkt man den Baum, der hinter Hännschen den einen Ast weit nach vorn streckt; parallel dazu ist das ausgreifend hochgehobene Bein des Knaben: das Symbolische des Erektionsgedankens und der Erregung hebt sich deutlicher hervor. Und damit bekommt die Mappe Bedeutung. Hännschen ist auf dem Wege zur Schule; gibt es wohl für das Männliche — und Hanns ist ja nach meiner Annahme das Männliche — eine andre Schule als das Weib? Ein jeder weiß, daß die Tasche, die Mappe Symbol des Weibes sind, ja man kann unbeschadet aller exakttuenden Wissenschaftlichkeit so weit gehen, zu behaupten, daß der Mensch ebenso wie die Tiere nur auf dem Wege der Liebe zum Weibe und der Frucht im Leibe des Weibes den Schutz des Hohlraums erkannt hat. Aus der Tatsache der Sicherheit im Mutterleibe sind alle Wohnungen, Keller, Schränke, Taschen, Mappen entstanden. Zu allem Überfluß hat Hännschens Mappe auch noch eine rote Farbe — gewiß etwas Ungewöhnliches für die Schulmappe, aber symbolisch scheint Rot immer dasselbe auszudrücken: den Eros.

Der Hund ist der Wächter. Es ist nicht schwer, ihn als die immer wachende Moral des Menschen aufzufassen, die gegen die Begierde schützt. Es ist aber auch möglich, daß das Unbewußte des Dichters hier mit dem Hunde darauf aufmerksam macht, daß die Natur dem Männlichen eine absolut sichere Begrenzung der Begierde geschaffen hat dadurch, daß jede Erektion nach kurzer Dauer in sich zusammenfallen muß; dafür spricht die Tatsache, daß auf dem zweiten Bilde nicht nur der Knabe, sondern auch der

Hund im Zustande der machtlosen Erschlaffung — nach dem Sündenfall — dargestellt ist.

In diesem zweiten Bilde ist die Mappe betont, das Weibliche. Das Männliche ist zu Fall gebracht, ist erschlafft; selbst die Zweige des Baumes hängen nach unten. Die Mappe aber ist vom Knaben getrennt gemalt, umgeben von allerlei seltsamen, scheinbar unmotivierten Schnörkeln. Diese Schnörkel sind schon im ersten Bilde vorhanden, dort bilden sie aber eine zusammenhängende Kette; sie sind Symbol des Samenergusses, nach dessen Eintreten sich die Samentierchen um das Weibliche, die Mappe, gruppieren. Die Haltung des Knaben sowohl wie des Hundes — sie breiten die Glieder empfangend auseinander und liegen auf dem Rücken — verstärkt das Symbol des empfangenden Weibes.

Drittes und viertes Bild gehören zusammen. Der Baum ist verschwunden, statt dessen ist die Verbindung zwischen den Bildern durch den phallischen Laternenpfahl hergestellt. Die Zahl Drei, das Männliche ist — teilweise in engster Vereinigung mit der Vier, dem Prinzip des weiblichen Geschlechts mit den vier Lippen des Eingangs zum Weibe —, die Drei ist mindestens ein dutzendmal gemalt, besonders die Laterne ist dadurch ausgezeichnet. Auch in den Stufen, die zum Wasser hinabführen, ist sie da. Am auffallendsten sind aber die drei Vögel und die doppelte Erscheinung der drei Fische, die noch dazu das eine Mal quer, das andre Mal längs gerichtet sind. Der Fisch ist, das braucht man gar nicht erst zu sagen, das Symbol des Männlichen, und zwar des Knaben im Mutterleib, der ja im Wasser lebt, und weiterhin des Phallus im Schoße des Weibes.

„Kerzengrad" tritt Hännschen an Ufers Rand, aber, seltsam, er stürzt „kopfüber ganz" in das Wasser. Das ist in Wahrheit unmöglich, es ist so geschrieben, weil das Unbewußte das Symbol der Begattung erzwang: kopfüber. Die Fische sperren auf dem obern Bilde die Mäuler auf, als sie sich nach vollzogener Begattung und Befruchtung — das bedeutet der Sturz ins Wasser, auch in Träumen bedeutet er das — sehr erschreckt verstecken, sind die Mäuler geschlossen. Die Fische verstecken sich, das Verlangen Hännschens ist gestillt, wie seine schlaff gekrümmten Beine und das Stückchen Hand, das noch sichtbar ist, beweisen, die Schwangerschaft ist eingetreten, die Fische als männliche Frucht verhüllen sich im Wasser des Mutterleibes. — Merkwürdig ist noch die Neun, die entsteht, wenn man die Dreien der Vögel und Fische zusammenzählt: Neun ist die Zahl der Schwangerschaft, der neun Monate, die der Sprachgebrauch als Dauer der Schwangerschaft annimmt. Schließlich findet man noch einen Scherz des Unbewußten: der Phallus Hännschen ist beide Male zwischen den Schenkeln einer Sechs gemalt, drei Vögel drei Fische, drei Fische drei Fische: Sechs ist von jeher das Weibliche.

Während auf dem vierten Bilde die Mappe halb in das Wasser getaucht ist — die Verbindung von Mutter und Kind ist in der Befruchtungszeit noch sehr eng — schwimmt sie auf dem fünften Bilde davon, während Hännschen allmählich wieder aus dem Wasser auftaucht: das Kind im Leibe der Mutter wächst. Die drei Fische haben sich in dieselbe Richtung wie der halbauftauchende Knabe gedreht, sie gehören zu dem Kinde, nicht zu der Drei der beiden Männer und des halben Laternenpfahls, die als Geburtshelfer schon durch ihre kniende oder gebückte Stellung oder durch die Halbierung des Pfahls ihre ziemlich neutrale Rolle dem Eros gegenüber andeuten.

Im letzten Bilde ist die Mappe weitweggeschwommen, der Ödipuszustand naht, der Kampf zwischen Eros und Anteros der Mutter gegenüber ist angebrochen. Aber das Männliche wächst kräftig heran, die Fische haben sich halb aus dem Wasser erhoben und starren mit weitgeöffneten Mäulern den Hanns an.

Ganz ähnliche Symbole ziehen das Kind zu einem andern Bilderbuch hin, den „sprechenden Tieren". Die erste Geschichte vom Hahn entspricht dem Hanns Guck-in-die-Luft.

Beachtenswert ist die Tatsache, daß das eine Bilderbuch den Hahn als Symbol des Erotischen gewählt hat, das andre den Namen Hans. Die phallische Bedeutung des Hahns ist bekannt. Die Vorliebe für den Namen Hans in Volksmärchen und Volksliedern — übrigens besteht sie auch bei vielen Frauen — könnte auf derselben Symbolik beruhen. Im Mittelhochdeutschen wird das Wort Hahn noch han geschrieben, „han" ist noch jetzt das schwedische Wort für „er", „hans" ist „seiner". Man behauptet zwar, daß Hans von Johannes abgeleitet sei. Aber das glaube ich nicht. Der Name Hans ist so tief mit der deutschen Sage verwoben, daß er nicht jüdisches Lehnwort sein kann. Übrigens ändert das nichts an der Meinung, daß Hans das Männliche, und zwar ganz speziell das männliche Glied bedeutet. Die Legende von Johannes dem Täufer betont dasselbe Symbol und im Englischen sind noch heutigentages St. John und St. Thomas Volksbezeichnungen des Gliedes.

6

Die Drei des Menschen — Mann-Weib-Kind — ist unteilbar und das Wort Individuum berechtigt, wenn man es auf das bezieht, was unteilbar ist, das, was allen Menschen gemeinsam und notwendig ist: die Dreieinheit. Leider ist der Ableitung Individualität ein andrer Sinn untergelegt worden. Man braucht sie gerade für Eigenschaften, die gewiß abtrennbar vom Individuum sind. Individuum ist Neutrum und bezieht sich nicht auf die Eigentümlichkeiten der einzelnen Menschen, sondern auf das Gemeinsame aller, auf das Menschliche. Eine individualisierende Behandlung, von der seit einigen Jahrzehnten in der Medizin soviel gesprochen wird, kann nur die sein, die das Menschliche, abgesehen von Person und Charakter, berücksichtigt. Daß ein solches Individualisieren — nicht bloß für den Arzt, sondern für jeden, der mit Menschen zu tun hat — die Grundlage aller Erfolge ist und die Grundlage alles Meinens und Denkens sein sollte, brauche ich nicht erst zu sagen. Wer es fertig brächte, jede Lebenserscheinung ohne weiteres zu prüfen und zu entscheiden, was bei ihr „individuum“ und was „dividuum“, allgemein menschlich und persönlich ist, würde eine gewaltige Wirkung ausüben. Leider ist niemand dazu imstande und gerade unsre europäische Kultur kümmert sich bewußt so gut wie gar nicht um das Unteilbare. Was man hier und da von asiatischer Weisheit zu hören bekommt, legt den Gedanken nahe, daß man dort in den Klöstern wenigstens Forschungen in dieser Richtung treibt; ob es wahr ist, ist eine andre Frage. Bei uns Europäern liegt die Beschäftigung mit dem Individuum im Unbewußten; dort ist sie tätig, leitet und lenkt unser Leben, ohne daß wir das Geringste davon wissen. Wir beten die Persönlichkeit an, wissen vom Menschlichen nur das, was Maske ist, behandeln als Personen die Personen im täglichen Leben so gut wie im ärztlichen Tun.

Es läßt sich auch so leben, vielleicht bequemer und leichter als es uns ein bewußtes Anerkennen des Individuums, des Unteilbaren gewähren kann. Aber mit Wahrheit und Wissenschaft hat das nichts zu tun, es ist Charakterkunde, Studium des Theaters, des Unwesentlichen am Menschen.

Persona kommt nach Walde aus dem etruskischen Phersu, das „maskiert" bedeutet („Maske" aus dem arabischen mashana = Possen reißen). Die, die immer auf ihre Persönlichkeit pochen und daraus Rechte statt Pflichten ableiten, sollten endlich erfahren, daß sie sich Possenreißer nennen und mit Recht. Angeblich soll Goethe die Persönlichkeit höchstes Glück der Erdenkinder genannt haben. In den Versen über das Glück der Persönlichkeit braucht Hafis den Konjunktiv „sei", es ist die Meinung von Volk und Knecht und Überwinder, nicht die des Hafis, der das Glück in dem Verlust der Persönlichkeit sieht.

Wenn so das Unbewußte der Sprache mit dem Wort Individuum die Unteilbarkeit des Menschlichen feststellt, so erkennt es andrerseits doch die gewaltsame Zertrennung dieses Unteilbaren in dem Wort sexus = männliches und weibliches Geschlecht an. Nach Walde ist das Wort sexus von secare = schneiden abgeleitet, von dem auch das Wort segmentum = Abschnitt eines Kreises herkommt. In dem Wort sexus liegt die Idee, daß Mann und Weib eins sind, daß sie zusammen den Kreis Individuum bilden und daß beide Segmente des Kreises die Eigenschaft des Individuums besitzen, daß Mann und Weib zerschnittene Einheit sind. (Es entspricht das einer alten Schöpfungssage der Juden, daß Gott zunächst eine Einheit Adam — Lilith geschaffen hat, die er dann zersägte. Es stimmt auch überein mit der Lehre Platos.)

Das Wort secare = schneiden führt zu einem Knäuel von untereinander verwandten Wörtern, der nicht leicht zu entwirren ist. Ich greife einige davon heraus: Sichel und Sense sind, wie man annimmt, Ableitungen aus der in secare enthaltenen Wurzel sek- se-. Beide Instrumente sind in unsrer Vorstellung Attribute des Todes. Man darf vermuten, daß die Sichel das ältere Werkzeug ist, jedenfalls bietet es mehr symbolische Anknüpfungen. Das Wort Mondsichel verdankt sein Dasein zunächst der Ähnlichkeit in der Gestalt. Sofort stellt sich aber heraus, daß nur der zunehmende Mond in Frage kommt, weil allein seine Form der Handhabung der Sichel entspricht. Als Attribut des Todes bedeutet die Sichel nicht Vernichtung, sondern Auferstehung nach dem Tode; sie ist Symbol des „Stirb und Werde".

Wir begegnen hier wieder der Symbolisierung der Zeugung durch den Tod, des Todes durch die Zeugung. Unsre Zeit erlaubt sich manchmal, solche Zusammenhänge dichterisch zu verwerten, daß hier aber eine der tiefsten und wirkungsreichsten Tatsachen des Unbewußten vorliegt, hat sie vergessen. Die Stimmen, die das Sterben des europäischen Kulturkreises verkünden, mehren sich, aber jedes Sterben ist naturgemäß von der Hoffnung des Werdens begleitet. So ist es im Menschlichen beschlossen und anders kann es für das menschliche Meinen nicht sein.

Ich entschließe mich nicht leicht, hier auf die Wörter „Mond" und „Monat" einzugehen; denn wie man gleich sehen wird, verbergen sich in ihnen Dinge, über die die sachgemäße Sprachforschung keinen Aufschluß gibt. — „Die gewöhnliche Ableitung von einer idg. Wurzel me = messen (skr. manessen, matram = Maß, gr. metron, *μετρον*) mag sachlich ansprechen", sagt Kluge, „— der Mond wäre als Zeitmesser gedacht —, doch darf vom sprachhistorischen Standpunkt aus diese Erklärung nicht als sicher gelten". Das klingt sehr unangenehm, man hat sich darauf eingerichtet, den Mond als Zeitmaß anzunehmen, und mir bleibt nichts übrig, als diese Ansicht zu akzeptieren in der unsichern Hoffnung, daß sich etwas Brauchbares finden möge. Kluge hat seinen Worten einen Satz eingeschaltet: „Der Mond wäre als Zeitmesser gedacht." Dieser Satz gibt Gelegenheit, sich mit einer der wichtigsten kulturhistorischen Fragen auseinanderzusetzen.

Wie sie es auch immer anfangen mag, zuletzt endet unsre Geschichtswissenschaft bei dem gestirnten Himmel. Sonne und Mond, Tag und Nacht, das ist der Forschung letzter Schluß, weiter geht es nicht und weiter wird auch nicht gesucht. Aber jedes Weib kann uns erzählen, daß das Kind verhältnismäßig spät Notiz von Sonne und Mond nimmt, und ab und zu könnte sich auch ein Mann diese Tatsache ins Gedächtnis rufen. Es wäre immerhin möglich, daß der Mensch das Zeitmaß Monat nicht vom Mond genommen hat, sondern von den achtundzwanzigtägigen Perioden, in denen das Wesen lebt, das für das Kind alles ist, die Mutter. Ich bin geneigt, das anzunehmen. Selbstverständlich kann man und muß man zugeben, daß Sonne und Mond, Tag und Nacht für das Menschenvolk entscheidende Bedeutung haben, ohne sie geht es nicht. Aber das Sonnensystem ist ja auch wieder nur ein Glied in der Kette des Geschehens, wir könnten mit Hilfe unsrer himmelstürmenden Phantasie alles Mögliche herbeirufen, um uns die Entstehung des Zeitmaßes „Monat" zu erläutern. Schließlich können wir nicht leugnen, daß der Teil vom Ganzen abhängt, müssen aber hinzufügen das Ganze, die Welt, hängt auch vom Teil, dem Menschen ab. Und dem Bewußten und Unbewußten, ja auch dem Es ist gewiß das Menschliche näher als das Himmlische.

Meine Meinung ist, daß die Kindheit der Kultur ebenso wie die des Einzelwesens aus den Tatsachen heraus, die es kennt, Begriffe und Wörter bildet. Ein deutscher hochachtbarer Menschenforscher Fließ will herausgefunden haben, daß sich das Leben des Weibes immer und unter allen Umständen in achtundzwanzigtägigen Perioden abspielt. So etwas läßt sich schwer nachprüfen; aber die Tatsache, daß Frauen, wenn ihre monatlichen Blutungen längst aufgehört haben, doch alle achtundzwanzig Tage nachweisbare Abweichungen in ihrem Wesen zeigen, spricht für seine Theorie. Ich brauche sie aber nicht zu Hilfe zu rufen. Jedes Kind wird in der Zeit geboren, in der die achtundzwanzigtägige Periode des Weibes in voller Wirkung steht, also muß jedes Kind, da es in nächster Nähe des Weibes lebt — auch in der Schwangerschaft bleibt die achtundzwanzigtägige Periode bestimmend — dieses Zeitmaß von achtundzwanzig Tagen mit auf die Welt bringen. Und nach der Geburt muß sich das Zeitmaß in das tiefste Erleben eingraben; es geht nicht anders. In dem gewaltigen Erlebnis des Geborenwerdens, der Trennung von der Mutter — sexus — nimmt das Kind die Tatsache des Blutens wahr. Und bei jedem Kinde bis weit in sein Wachstum hinein wiederholt sich dieser bewußte

Eindruck des Blutens in regelmäßigen Zeiträumen, um erst langsam in das Unbewußte verdrängt zu werden. Lange Jahre hindurch stellt das Kind fest, daß das ihm nächststehende menschliche Wesen Menses — Monate — hat. Für mich besteht nicht der mindeste Grund, warum ich das lateinische Wort mensis, gr. men (μην) = Monat, Mond nicht auf dieselbe Wurzel zurückführen sollte, die das Wort Mensch hat, auf die Wurzel men-man-, von der ich früher sprach.

Sowohl die Römer als die Griechen hatten noch ein eignes Wort für Mond, lat. luna (fr. la lune), gr. selene (σεληνη). In beiden Wörtern drückt sich das zweite erschütternde Erleben bei der Geburt aus, das Wahrnehmen des Lichts: luna wird von luceo=leuchten, lux = Licht abgeleitet, selene von haleo (ἀλεω) = strahlen. Gerade in diesem gleichzeitigen Erleben von Blut und Licht, das mit dem Verlassen der Mutter zusammenfällt, sehe ich eine Bestätigung dafür, daß das Zeitmaß vom Menschlichen genommen ist, nicht vom gestirnten Himmel, von der Menstruation, nicht vom Mondwechsel. Und ich werde in dieser Meinung durch die Kenntnis bestärkt, daß Luna—Artemis—Selene Göttinnen des Mondes und der Geburtshilfe waren.

Die Assoziation Sichel-Mond weckt die Erinnerung daran, daß die Mondgöttin die Geburten leitet. Auch da begegnen wir der seltsamen Tatsache, daß unsre scheinbar wissenschaftliche Zeit an Phänomenen vorübergeht, die für unsre Vorfahren und für andersgeartete Kulturkreise der Gegenwart größte Bedeutung haben. Bis zu dem Moment der Geburt kann man Mutter und Kind als eine Einheit betrachten, selbst wenn man weiß, daß die Lebensflüssigkeit des Bluts bei beiden Wesen verschieden ist; erst der Moment der Abnabelung trennt für den Augenschein das Kind von der Mutter. Aus dem Kreis Mutter—Kind löst sich ein Segment, zwei neue, einander nahe, aber ganz selbständige Kreise entstehen: Weib und Kind. Die Verbindung dieser Kreise, die Nabelschnur, wird zerschnitten. (Wir können annehmen, daß vor der Erfindung der schneidenden Werkzeuge, diese Schnur ebenso wie bei Tieren zerbissen wurde, was ja nur eine primitive Form des Schneidens ist.) Wie uns berichtet wird, hatten die Griechen in Delphi einen kegelförmigen Stein, den sie den Nabel der Welt nannten; ihnen muß also der Nabel als Mittelpunkt des Lebens erschienen sein. Dabei erinnert man sich an die unzähligen Darstellungen Buddhas, wie er ernst und lächelnd den Nabel seines schwangeren Bauches beschaut. Stellt man demgegenüber, daß bei uns nur noch die Kinder und die Studenten der Medizin — erstere mit allergrößtem Interesse, letztere mit dem Widerstreben, das wir allem entgegenbringen, was mystische Bedeutung hat —, daß bei uns nur noch die irrationalen Infantes den eignen Nabel betrachten dürfen, so haben wir allen Grund, unsre Kultur für todgeweiht zu halten: im Nabel ist Vergangenes und Zukünftiges, er ist das Symbol des Stirb und Werde, des Individuums und des Sexus. Wir sollten uns schämen.

Die Etymologie versagt ganz. Sie zählt in den verschiedenen Sprachen die verschiedenen Namen für Nabel auf, führt sie auf eine Wurzel nebho = platzen und ombh = schwellen zurück, spielt ein wenig damit, daß im Lateinischen Nabel umbilicus heißt und Schild umbo, daß das griechische omphalos (*ομφαλος*) dem umbilicus gleichsteht und daß Nabe des Wagenrades dem Wort Nabel nahe verwandt ist. Und sonst gibt sie keine Auskunft, es sei denn, daß sie den Verdacht in uns zurückläßt, die Gelehrten seien der Meinung, daß der Wagen älter sei als die Schwangerschaft.

Ich bin vorläufig auf das Meinen angewiesen, auf das Erdichten. Und da denke ich mir, daß der Omphalos der Griechen etwas mit dem Phallus (phales und wohl mit amphi) zu tun hat und Nabel in dem deutschen Näber, Naber = Bohrer, vielleicht auch in Natter weiterlebt; Naber ist sicher mit Nabe, dem vorragenden Teil des Rades, dem Teil, um den sich alles dreht, aufs engste verbunden, amphi ist dann der Kreis, Phallus das Zentrum (Stachel). (Cymr. heißt naf, Herr; im Englischen ist neb = Schnabel, die symbolisch dem Phallus gleichwertige Brustwarze = nipple, das Wort nib [slang] bedeutet gentlemen.) Wenn dem so ist, so bezeichnet das Wort Omphalos ebensowohl wie Nabel das Doppelgeschlecht des Menschlichen und ebenso das Kindlich-Mannbare in der Beziehung von Nabel zu Schwangerschaft und Geburt. Ist der Nabel ein solches Symbol, so braucht man sich nicht darüber zu wundern, daß wir den Nabel nicht mehr wie Buddha und das Kind beschauen; denn nichts haben wir so gründlich verdrängt wie die Dreieinheit des Menschlichen und die Ehrfurcht vor der Mutter, von der wenig übriggeblieben ist, schon seit einem Jahrhundert. Denn daß fast alle Menschen schmerzhafte Punkte an der linken Seite des Nabelrings haben, daß links oberhalb des Nabels nach dem Herzen zu und in der Mitte zwischen Nabel und Schwertfortsatz, dort wo das Männliche des Brustbeins sich dem Weiblichen des Nabelrings entgegenreckt, dem Sonnengeflecht vorgelagert, überaus empfindliche Stellen sind, muß man wohl als Überbleibsel aus den Verdrängungskämpfen gegen die Mutterverehrung anerkennen; aber es drückt sich darin nicht Verehrung, sondern Kampf gegen Verehrung aus. Allerdings muß man zugeben, daß die Frauen es den Kindern nicht mehr leicht machen, sie zu verehren, seitdem sie die Schwangerschaften nicht als Ehre empfinden, sondern sie unter allerlei Vorwänden bewußt und unbewußt vermeiden oder verstecken.

Irgend etwas muß die Sprachforschung dazu gebracht haben, den Nabel mit dem Wagen in Verbindung zu bringen. Es ist nicht selten, auch bei Gelehrten, daß das Unbewußte versucht, den Denker auf dem richtigen Weg zu bringen. Und so mag es auch hier sein. Denn unsre Kenntnis des Symbols ist soweit gediehen, daß wir die Erfindung des Wagens geradezu aus der Schwangerschaft herleiten können. Die Geschichte vom kleinen Hans, die Freud schon vor drei Jahrzehnten veröffentlicht hat und die eine Fundgrube für die Muttersymbole ist, sollte einen jeden darüber belehrt haben. Aber auch sprachlich läßt sich darüber viel sagen. Man behauptet, Wagen hänge mit Weg zusammen, ebenso wie vehiculum mit via. Der Urweg ist aber die Spalte und Scheide des Weibes. Weg und Brücke sind Schöpfungen des Eros, der ja auch Erfinder des Geldhandels und Warentausches ist, des „Verkehrs".

Deutlich klingen diese Dinge noch in dem Worte „Rad" nach. (Es gibt einen Ausdruck für Schubkarre, der lautet Radebere, bayr. Tragradel; bere ist dasselbe wie das schwedische „barn", das englische „to bear", das deutsche „gebären". Der Schubkarren ist die Mutter — Frau.) Allgemein wird angenommen, daß „Rad" dem lateinischen rota = Rad und rotundus = rund stammverwandt sei. Die Wurzel lautet angeblich reth = laufen. Das mag so sein. Die Ableitung rotundus = rund führt aber auch zu dem griechischen Ausdruck für Rad kyklos (κυκλος), der gleichzeitig Kreis bedeutet. Zu kyklos gehören als Verwandte das englische wheel und das schwedische hjul = Rad. Alle diese Wörter werden auf eine Wurzel gelo = drehen, treiben zurückgeführt, von der wiederum gr. polos (πολος) = Achse (erhalten in Pol) herrührt. Verwandt damit sind gr. pelo (πελω) = sich bewegen, pelte (πελτη) = Schild (s. oben umbo — umbilicus), pellis (πελλις) = Becken (lat. pelvis), pella (πελλα) = Milcheimer. Alle diese Wörter legen den Gedanken nahe, daß kyklos (wheel, hjul) etwas mit der Kugelform des schwangeren Leibes zu tun haben könnte, mit dem Kreise seines Umfangs. Und mag man es wollen oder nicht, gleichzeitig stellt sich die Meinung ein, daß die deutschen Wörter „kreisen, kreißen" (gewöhnlich von kreischen abgeleitet) doch mehr mit dem Kreis zu tun haben könnten, als die Etymologie es wahrhaben will, ja selbst die deutsche Bezeichnung für das os sacrum = Kreuzbein, Kreuz könnte so zu Kreis (ahd. Kreits) bezogen werden. Entschließt man sich zu solcher Laienetymologie der Zeugung, Schwangerschaft und Geburt, so findet man auch noch das lateinische radius = Stab, Radspeiche, Kreishalbmesser; ramus = Zweig, Ast; radix = Wurzel. Und bei diesem letzten Wort „Wurzel" stehe ich plötzlich der Einsicht gegenüber, daß wirklich der sexus, das segmentum, das beim secare des Kreises entsteht, Wurzel dieser Wortgruppen ist, zumal da Wurzel von einem Stammwort rota = Wurzel, Rute herkommt. (Hier sei an den englischen Ausdruck holy rood erinnert. Eins der vielen Menschensymbole, die in dem Erlösungsmythus der Kreuzigung und Auferstehung enthalten sind, gibt sich hier kund. Rute = männliches Glied; rota ist auch Rad.)

Ähnlich wie das religiöse Leben der Griechen den Nabel als Mitte der Welt anerkannt hat, versucht es von Urzeiten her die darstellende Kunst. Als Symbol dafür hat sie von jeher den Kreis gewählt, der um den Menschen bei ausgestreckten Armen und gespreizten Beinen geschlagen wird, so daß der Nabel Mittelpunkt wird. Die uralten Steinreliefs, vor allem auch das Hakenkreuz, drücken die Symbolik des Menschen im Kreise der Mutter ebenso deutlich aus wie heutigentages die russische Schaukel oder das Rhönrad oder das Triebrad der Maschinen diesen Mythus versinnbildlichen. Ja, bei näherem Zusehen gewahrt man, daß unser religiöses und wissenschaftliches und künstlerisches Leben so gut wie die Mathematik und Technik von dieser symbolischen Idee durchtränkt sind. Das grundlegende Prinzip des Menschlichen, Mann-Weib-(Kreis)Kind (Mann im Kreis) ist in dem Symbol erfaßt, ja dadurch, daß sich in dieses Symbol des Menschlichen die Zeitrechnung und das Sonnensystem, ja alles, was wir kennen, eingefügt hat, auch Wahrheit, Irrtum und Schwanken zwischen beiden, auch Himmel, Hölle und Mensch, auch Gut und Böse und Menschlich, zeigt sich, warum dieses Symbol trotz tausendfältigem Formwechsel immer wieder benutzt werden muß. Der Kreis zeigt die Grenze alles menschlichen Lebens, den Tod sowohl wie das Leben, das Sein wie das Werden, die Fähigkeit des Treibens und Getriebenwerdens (Radform) und das Gefesseltsein an Ebene und toten Körper. Und es muß erwähnt werden, daß sowohl das Hakenkreuz wie das griechische Kreuz das Symbolische des Sterbens und Werdens am deutlichsten zeigen durch die Bewegung andeutenden Haken und durch den Gekreuzigten.

Betrachtet man den Mittelpunkt dieses um den Menschen geschlagenen Kreises, den Nabel, so zeigt sich auch da wieder die Eins und die Drei des Menschlichen. Der Nabel selbst entspricht der Spitze des Gliedes, die aus dem umgebenden Ring etwas hervorragt wie der oberste Teil der Eichel aus der Vorhaut. Ich habe schon früher erwähnt, daß die Vorhaut als weiblicher Teil des Menschlichen empfunden wird, gleichzeitig aber auch als Kindliches im Gegensatz zum Männlichen, weil ja die Vorhaut verstreicht in dem Augenblick, wo sich das Kindliche in das Männliche verwandelt, in der Erektion.

Man sieht, daß der Nabel in Wahrheit das Mysterium der Menschenwelt in sich enthält, und dieses Mysterium gewinnt an Tiefe, sobald man sich der Entstehung des Nabels zuwendet: er ist der Rest des Nabelstrangs (Nabelschnur), der nach der Geburt in der Nähe der kindlichen Bauchhaut durchgeschnitten wird, wie ich schon sagte, ein Versuch, das Unteilbare (Individuum) zu trennen (Geschlecht — sexus — secare). Die Ausdrücke Strang und Schnur führen einen Schritt weiter. Strang ist urverwandt mit dem Wort streng, das ursprünglich angespannt, stark, hart bedeutet. Die Bedeutung des Gedrehtseins scheint erst nachträglich hineingelegt worden zu sein, wahrscheinlich gerade wegen der gedrehten Form des vorbildlichen Nabelstrangs. Die Härte und Länge des Nabelstrangs führt zum Männlichen hin, die Verbindung mit dem Mutterkuchen zum Weiblichen, während die Drehung und das Rinnen des nährenden Blutes innerhalb des Nabelstrangs die Vereinigung von Mann und Weib symbolisieren; an das andre Ende des Strangs ist das Kind, die Zukunft, befestigt. Das Wort Strang betont das Männliche, während in dem Wort Schnur das Weibliche vorherrscht. Wir haben in unsrer deutschen Bibelsprache überall noch die Bezeichnung Schnur für die Sohnesfrau. Zugleich ist in dem Wort auch das männliche Sohn enthalten (idg. snusa, snusus = Schwiegertochter wird als Ableitung des idg. sunu = Sohn aufgefaßt; im Schwäbischen entspricht dem Söhnin oder Söhnerin).

Ehe ich mich näher über die geheimnisvollen Schicksale äußere, die im Nabel symbolisiert sind, muß ich nochmals auf das Wort secare und seine Ableitungen zurückgehen. Zunächst erwähne ich die Wörter Säge und lat. securis = Beil. Im Sägen symbolisiert sich das Hin und Her des Schneidens, aber auch des Geschlechtsverkehrs, der ja mit einer Trennung des Individuums Mann von seinem Männlichen, dem Samen, unter gewaltsamer Erregung endet. In lat. securis = Beil versinnbildlicht sich das Abschlagen, das im Deutschen das Wort Geschlecht geschaffen hat. (Merkwürdig ist die deutsche Redensart „sein Wasser abschlagen“, was vielleicht auf die unbewußten Zusammenhänge von Urinieren und Samenorguß hindeutet.) Kluge macht den Vorschlag, das Wort schlagen (got. slahan, altn. slâ, engl. slay usw.) mit gr. laktizo (λακτιζω), lat. lacerare = zerreißen, zerfetzen zusammenzubringen, was allerdings Walde ablehnt, weil es sinnlos sei, jedoch gibt das Wort Geschlecht in Verbindung mit dem Zerfetzen der Jungfernhaut durch Beischlaf und Geburt den Beweis, daß mehr Sinn in dieser Verbindung steckt, als Walde annimmt. Schließlich gibt es noch das lateinische Wort saxum, das abgeschnittener Ast bedeutet, gleichzeitig aber auch Fels, Stein und Klippe. Ich stoße hier auf das, was die Psychoanalyse den Kastrationskomplex nennt, behalte mir aber vor, darauf später zurückzukommen; der unglücklich gewählte Ausdruck Kastration erfordert eine besondere Auseinandersetzung. Dagegen ist die Ähnlichkeit der Erschlaffung des aufgerichteten Gliedes nach dem Geschlechtsverkehr mit dem Niedersinken eines ragenden Astes beim Durchsägen bezeichnend. Die Vorgänge in dem, was man Kastrationskomplex nennt, sind nicht erschöpft, wenn man nur an das blutige Abschneiden des Penis (Menstruation des Weiblichen) denkt; neben der blutigen Verwandlung des Männlichen in das Weibliche (sexus, secare) liegt in dem Begriff Kastrationskomplex die Verwandlung des Mannbaren in das Kindliche durch den Verkehr mit dem Weiblichen.

Um den Grund für meine weitern Meinungen noch zu verstärken, mache ich auf das schwedische Wort sax = Schere, Schwert aufmerksam; auch „sax" (lat. saxum) hat eine Bedeutung Fels, Stein. Der Wortsinn Fels, Klippe tritt in einem andern schwedischen Wort „skär = Felseneiland" hervor, während das Verbum skära in seiner Bedeutung „abschneiden" dem lat. secare ganz nahe steht. — Im Griechischen gesellt sich zu diesem Wortkreis keiro (*κειρω*) = scheren, wozu ker (*κηρ*) = Schicksal, Tod und karpos (*καρπος*) = Frucht, Leibesfrucht gehören. Im Deutschen ist Stammverwandtschaft zu secare in den Wörtern Schere, scheren vorhanden, wahrscheinlich auch in Messer. (Ahd. mezzi-rahs, mezzi-sahs, sahs angeblich verwandt mit saxum, sax = Stein — Anschluß an die Messer der Steinzeit —, das mezzi soll mit schwed. mat, engl. meat = Speise zusammenhängen.)

Wichtig für meine Zwecke ist weiter, daß im Schwedischen klippa als Substantivum Klippe bedeutet, als Verbum schneiden, scheren. Im Deutschen hat sich in dem Wort klipp-klapp das Klippen als Schneiden erhalten. Auffallend ist, daß im Englischen to clip neben schneiden auch umarmen bedeutet.

Daß in allen indogermanischen Sprachen übereinstimmend dieselben wichtigen Lebensgebiete sich um das eine Wort secare gruppieren, das seinen tiefsten Sinn in den Wörtern sexus und

Geschlecht kundgibt, beweist, wie tief einmal die Menschenseele von der gewaltsamen Trennung des Individuums Mutter-Kind ergriffen gewesen sein muß, und das Erstaunen darüber, daß für uns der Moment des Abnabelns kaum noch bewußte Bedeutung hat, wächst. Aber bei den Griechen hat es einmal Keren gegeben, bei den Römern Parzen und bei den Germanen Nornen. Das, was wir Schicksal nennen, war mit dem Durchschneiden des Nabelstrangs innig verbunden. Gemeinsam ist diesen Schicksalsgöttinnen die Zahl Drei, gemeinsam auch das weibliche Geschlecht, gemeinsam der Sinn von Vergangenheit (nord. urdh, gr. Atropos [ατροπος]), Gegenwart (nord. verdhandi, gr. Klotho [κλωθω]) und Zukunft (nord. skuld, gr. Lachesis [λαχεσις]), gemeinsam das Spinnen des Schicksalsstrangs und die Schere, das Sein, Werden und Vergehen. Neben Ker (κηρ von keiro, κειρω = scheren) hatte der Grieche auch die Moira (μοιρα) = Teil (von meiromai, μειρομα = Anteil haben). Bei dem einen Namen ist die Handlung des Zerschneidens, bei dem andern der Erfolg der Handlung betont, das Entstehen des Geschlechts und die Tatsache des Geschlechts. Das lateinische Wort Parca = Parze (ursprünglich parica = Geburtsgöttin) zeigt die Verbindung des Schicksalsgedankens mit Geburt und Zerschneiden der Nabelschnur (Lebensschnur) am deutlichsten. Der Name ist abgeleitet von pario = gebären, zu dem auch pars = Teil, portio = Teil (portio uteri wird der in die Scheide ragende Teil der Gebärmutter genannt, der symbolisch sowohl die Eichel wie den Nabel vertritt), porta = Türe, portus = Hafen gehören, vielleicht auch par = gleich.

Ich muß einen Augenblick auf den Ausdruck spinnen (vielleicht verwandt mit spannen, Ehegespann, Ehegesponst) zurückgreifen. Wahrscheinlich verbindet sich der Schicksalsgedanke ebenso mit dem Weben wie mit dem Spinnen, die ja in der Tat begrifflich zusammengehören, auch Spindel und Weberschiff haben gewisse Ähnlichkeiten. Der lateinische Ausdruck für weben ist texo, was gleichzeitig auch bauen heißt (textor = Zimmermann, gr. tekton, τεκτων = Zimmermann, techne, τεχνη = Handwerk, Kunst). Walde findet, daß ein kaum überbrückbarer Bedeutungsunterschied zwischen zimmern und weben besteht. Sobald man bedenkt, daß das erste Haus, in dem der Mensch wohnt, die Gebärmutter ist und daß aus dem ersten Hin- und Herbewegen des Weberschiffchens (männliches Glied) das großartige Gewebe (Textur) des Menschenkindes entsteht, verschwinden diese Bedenken.

Die deutschen Wörter wibbeln, wabbeln, Wespe, aber auch Wabe, die alle mit weben zusammenhängen, deuten nach derselben Richtung, ja ich halte es nicht für ausgeschlossen, daß das rätselhafte Wort Weib (wif, wiif) mit weben zusammenhängen könnte. (Kluge gibt bei Weib das althochdeutsche weibon = unstet sein, schwanken an, schwed. viv = Weib, viva = schwanken; daß das aber mit den Geschlechtsfunktionen des Weibes in Liebe und Schwangerschaft zusammenhängen könnte, kommt ihm nicht in den Sinn. Ist es richtig, so erscheint in dem Unbewußten der englischen Sprache eine der schönsten Eigentümlichkeiten der englischen Rasse, ihr Humor. Sie nennen die Ehefrau vom Weben ausgehend wife, die unverheiratete spinster darf spinnen, aber nicht weben.) Ich glaube auch, daß gr. teknon = Kind stammverwandt mit texo ist und ebenso tikto = gebären, zeugen.

Man ist gewöhnt, bei den Wörtern gebären, Geburt nur an den weiblichen Teil des Individuums Mensch zu denken, aber das Unbewußte faßt den befruchtenden Samenerguß des Männlichen ebenso als ein Gebären auf. (Das Wort „gebären" wurde im Mittelalter auch für „zeugen" gebraucht, dasselbe gilt von gr. tikto und lat. pario.) Daraus ergibt sich, daß sexus = Geschlecht beide getrennte Teile des Individuums, männlich und weiblich, umfaßt. Bei dieser Gelegenheit mache ich darauf aufmerksam, daß die Schere ihrer Form und Leistung nach Symbol des Weiblichen im Geschlechtsakt ist und auch vom Unbewußten so aufgefaßt wird; es wäre denkbar, daß das Unbewußte aus der Tatsache der gespreizten weiblichen Schenkel und der schicksalsmäßigen Folge der Entmannung des Mannes im Beischlaf die Anregung zum Erfinden der Schere genommen hat. Ich erinnere an das englische to clip = umarmen.

Der dritte Bestandteil des Individuums, das Kindliche, ist in dem Wort sexus allerdings nicht enthalten (ganz anders als bei dem deutschen „Geschlecht", das sich auch auf Abstammung bezieht und das Kindliche mitbetont als Resultat des Abschlagens), aber ich halte es für möglich, daß das Wort saxum (Fels, Stein) ebenso wie das schwedische skär = Felseninsel und klippa = Klippe der Symbolik des von der Mutter (Berg) abgesprengten, vereinsamten Kindes entsprungen ist. Zu dieser Annahme glaube ich einiges Recht zu haben. Das schwedische skär, dem das deutsche Klippe, weiterhin Riff entspricht, ist im Grunde Insel, lat. insula. Insula ist nach Walde das im Meere oder Salzwasser liegende (gr. en hale usa, *εν ἅλη ουσα*) en sale. Wiederum muß ich feststellen, daß der Mensch bei Dingen im Salzwasser zunächst an das Kind gedacht haben muß, denn das Kind im Mutterleib hat er früher gekannt als das Meer. (Vermutlich sind mare = Meer und mater = Mutter nicht bloß klangähnlich, sondern stammverwandt.) Die Beziehung des schwedischen skär zum Komplex Mann-Weib-Kind gewinnt dadurch an Kraft. Aber auch das deutsche Klippe führt zum gleichen Sinn hin. Klippe (engl. cliff), meint Kluge unter Klippe, könne mit dem isl. klifa = klettern nicht verknüpft werden, weil das gemeingermanische kliba-, von dem Klippe herkomme, kleben bedeute, kleben und klettern stimmten nicht zusammen. Ich könnte an den bekannten Volkswitz erinnern, daß das Kind an der Nabelschnur hochklettert, aber das ist nicht nötig. Denn unter dem Stichwort „kleiben" sagt derselbe Kluge, daß anord. klifa = klettern, klimmen zu kleben gehöre. (Wir sagen, jemandem eine Ohrfeige „kleben", der Schweizer nennt die Ohrfeige „Chlefe"; Kleiber = Spechtmeise, angeblich weil er das Eingangsloch zum Nest zuklebt, wahrscheinlich aber weil er der einzige Vogel ist, der auch abwärts klettern kann.) Das Wichtige darin ist, daß „kleben" mit den Wörtern „leben" und „bleiben" stammverwandt ist, das Lebende ist das Bleibende, das, was bei dem beiderseitigen Sterben des männlichen und weiblichen Sexus im Geschlechtsverkehr lebendig bleibt, das Individuum, wie ich es verstehe, das Kind, das im Salzwasser Seiende, die Klippe. Und wenn man den Weg des Samentierchens bei der Befruchtung bedenkt oder das Geborenwerden des Kindes, so liegt es klar vor Augen, daß die Tätigkeit des Kletterns dabei notwendig ist, daß der Same klebrig ist, hat noch niemand bezweifelt. — Weitern Aufschluß gibt das Wort

Riff (engl. reef), Kluge erwähnt, daß man es mit rifa = Ritze, Spalte, Riefe zusammenbringe, das würde heißen mit dem weiblichen Geschlechtsteil. Das englische rifle = Büchse, Gewehr leitet zu dem Männlichen über. Denn, sagt er, nord. rif (unser Felsenriff) laute gleich mit nord. rif = Rippe, was wohl nur Zufall sei. Aber es ist wohl kein Zufall, denn Rippe — ich sehe ab von der hebräischen Sage über die Erschaffung des Weibes — ist urverwandt mit Rebe, das von idg. rebh = umschlingen herkommt. (Ahd. hirni-reba = Hirnschale.) Das Unbewußte zwingt den Etymologen, die richtige Verbindung herzustellen, ohne daß er sich dessen bewußt wird: denn da ist kein Zweifel, die Urumschlingung ist die von Mann und Weib.

Wollte ich in dieser Richtung weitergehen, so könnte ich leicht noch manches Problem zu diesen Wörtern hinzufügen. Der Leser wird sich vieles selbst ergänzen müssen, zustimmend oder ablehnend. Ich möchte aber einen Einfall nicht unerwähnt lassen, der sich mir aufdrängt. Das Wort Rebe in seiner Ableitung von rebh = umschlingen führt zu einem losen Zusammenhang mit dem Sexus von Mann und Weib. (Die Gewohnheit, die Rebe — weiblich — so zu pflanzen, daß sie den Baum [Oberitalien] oder die Stange — männlich — umschlingt, bestätigt das.) Schlingen ist „hin und her ziehend schwingen“ (Kluge), wie es sich noch in den Wörtern „schlingern, schlenkern, Schlange“ erhalten hat (auch andre Sprachen beweisen dasselbe). Die Sinnesverwandtschaft mit dem Leben gebenden Verkehr von Mann und Weib wird noch deutlicher, wenn man, wie es allgemein geschicht, dem Wort „schlingen“ den Sinn von „schlendern“ beilegt und das alte Phallussymbol „Schlange“ dazu nimmt. Wählt man für „umschlingen“ umwinden, so ist es dasselbe (Windel, wickeln). Winden führt zu „Wende“ = Grenze, Umkehr (Wendeltreppe Symbol der Zeugung und Geburt) und „wenden“ = sich ändern. Fügt man dem hinzu, was ich über Rippe und Riff und Kind gesagt habe, so gewinnt die hebräische Legende immer mehr symbolischen Halt. Das Leben kommt in Beziehung zu dem Auspressen des Traubensafts, zum Wein. (Leben, bleiben, kleben, Klippe, skär, Insel.) Auch das Wort Kelter gehört hierher, es ist mit lat. calcare = treten stammverwandt (calcar

= Sporn ist männliches Symbol). Man könnte diese Verbindungen rasch ablehnen, aber es erheben sich Schwierigkeiten. Im Griechischen gibt es ein Wort omphax (*ομφαξ*) = unreife Weinbeere; es steht in enger Verwandtschaft mit omphalus — amphi — phallus, amphi (*αμφι*), wahrscheinlich verwandt mit um- = umschlingen, umwinden, sicher verwandt mit lat. ambo = beide. Kelter heißt im Griechischen lenos (*ληνος*) = Trog, Sarg, Standloch für den Mast, Wagenkasten, alles weibliche Symbole; es kommt von der Wurzel le-, die „ergreifen, wollen", aber auch „hingeben" bedeutet; die Geschlechtsbeziehung ist auch hier gegeben. Für „Wein" hat das Griechische oinos (*οινος*), das geradezu urverwandt mit dem lateinischen vinum = Wein ist. Nach Walde hängt vinum mit vieo = ranken, flechten zusammen. Er führt eine Menge Ableitungen und Verwandtschaften mit vieo an (unter andern vitus = Radfelge, das zu phallus leitet), leider nicht das Wort viesco = verwelken, verschrumpfen, das das Gleichnis des männlichen Einschrumpfens durch das Umwinden des Weiblichen erst verständlich macht. Noch viel weniger stellt er eine Verbindung mit vita = Leben und vivere = leben her. Auch vir = Mann fehlt in diesem Verzeichnis der Wortverwandtschaften. Das Wort für Kelter „torcular" ist mit torqueo = drehen, winden zu verbinden, bietet also auch wieder das Gleichnis des Männlich-Weiblichen.

Das griechische Wort für Insel ist nesos (*νησος*); Prellwitz bringt es in Beziehung zu naus (*ναυς*) = Schiff, das von der Wurzel nau-, schwimmen herkommen soll (ebenso lat. navis = Schiff, nauta = Schiffer), nausia (*ναυσια*) ist die Seekrankheit. Nesos (*νησος*) ist demnach die im (Salz-) Wasser Schwimmende, in sale — insula.

Für Wort und Begriff „Klippe" gibt es petra (*πετρα*), spilas (*σπιλας*), skopelos (*σκοπελος*). Von petra gibt es das Maskulinum petros = Stein, während sich das Femininum in altisl. hvedra = Riesin, Berg wiederfindet. Das Zwiegeschlecht kommt in spilas ebenso deutlich hervor: im Deutschen sind damit verwandt spitz, Spießer, Spieß. Die Wurzel spilo- ausdehnen, spi- spannen, strecken ist bezeichnend für die phallischen Beziehungen (Speile, Speiche, mhd. spicher = Nagel, ahd. spinula = Stecknadel, lat. spina = Dorn, Gräte, spica = Ähre, spicare = spitzen usw.). Skopelos soll mit skeptomai (σκεπτομαι) = Wache halten, spähen zusammenhängen. Skepas (σκεπας) ist Schutzdach, Hülle — weibliches Symbol. Die Sinnbeziehung zu sehen und Auge ist wichtig. Im Schwedischen heißt Insel ö, das Auge heißt ögon; im Deutschen ist Au, Aue = Insel, Wasser, die althochdeutsche Form ist augia, fast dasselbe Wort wie Auge; im Englischen ist Insel island (unser Eiland), es lautete im Angelsächsischen eg, egland, im Altnordischen ey. Natürlich liegt für mich als Laien die Annahme nahe, daß hier eine Verbindung zwischen island, eye und egg, zwischen Ei und Auge und Eiland bewiesen sei. Aber die Etymologen sind andrer Ansicht. Man lernt es, sich zu fügen.

Das „Scheren“ heißt im Griechischen kura (κουρα) von keiro und koreuo = scheren. Auch da kann ich mich nicht der Meinung enthalten, daß dieses Wort etwas mit kore (κορη) = Mädchen und kuros (κουρος) = Knabe zu tun hat; das Mädchen wegen Gestalt und Funktion der Schere, der Knabe weil von kuros, koros das Wort korthyno (κορθυνω) = erheben abgeleitet ist; die Wurzel lautet angeblich cera, cor = ragen, sich erheben, von der auch lat. crescere = wachsen und creare = erschaffen abhängig sein sollen.

Die lateinischen Wörter für Klippe sind cautes und scopulus. — Cautes kommt nach Walde von cos = Wetzstein; er scheint es mit acutus = spitz zusammenzubringen, läßt sich nicht überzeugen, daß cos etwas mit coxa = Hüfteneinsatz, Hüftbeingrube oder gar costa = Rippe zu tun habe; allerdings gäbe es ein ab. Wort kost = Knochen, aber nun gar das russische kosa = Sense könne nicht als verwandt in Frage kommen. Das ist aber nach dem, was über secare und Sense zu sagen ist, gar nicht so unwahrscheinlich. — Wenn übrigens costa und coxa, cos = Wetzstein (man denke an die Bewegung des Wetzens und an die obszöne Bedeutung davon) doch zusammenhängen sollten, paßt coxim = zusammengekauert (Erschlaffung) gut dazu.

Scopulus = Klippe bringt Walde mit scapus = Schaft, Stengel, scopio = Stamm des Spargels, ahd. skaft = Speer, gr. skeptron (σκηπτρον) = Stab, Zepter zusammen. Die phallische Bedeutung ist ohne weiteres klar.

Die Schere heißt im Lateinischen forfex. Prellwitz (und halb und halb auch Walde) bringt es auf forma = Gestalt und facere — fex = tun zurück. Wenn „schneiden, scheren" Symbol des Geschlechtsverkehrs ist, könnte man es sich nicht besser wünschen. Das Verbum scheren heißt lat. tondeo (tonsura), und tondeo wird von gr. tendo = abnagen abgeleitet; ob es auch zu lat. tendo = spannen, dehnen gehört, habe ich nicht feststellen können.

Wenn ich vorhin die Entstehung des Gedankens und Worts Schere aus dem Geschlechtsverhalten des Weibes herleitete, so führen die Wörter sica = Dolch, sahs, sachs = Messer, Schwert (alle verwandt mit secare) auf die Form und Tätigkeit des Männlichen zurück, ebenso kann sich sech = Pflugmesser nur auf die männliche Sexualität beziehen. (Das Pflügen ist uraltes Symbol der männlichen Geschlechtsbetätigung.) Man kann, wenn man will, den Begriff Schneiden, der in diesen Wörtern liegt, mit der Beischlafsbewegung, mit der Samenergießung oder mit dem Erschlaffen des Gliedes zusammenbringen, wie ich es getan habe. Ein weiteres Wort läßt noch eine andre Deutung zu, das ist das Wort Schermaus für Maulwurf. Selbstverständlich ist der Maulwurf mit seiner geheimnisvollen unterirdischen Tätigkeit, mit dem Graben des Gangs im Schoße der Erde ein treffliches Symbol des Männlichen, das ja vom Geheimnis lebt und den unterirdischen Gang gräbt. Die Silbe Scher- könnte vom weiblichen Partner genommen sein, eine Schere, die das Glied — Maus zum Erschlaffen bringt, abschneidet. Die Art der Zusammensetzung spricht aber eher dafür, daß die Maus schert, als daß sie geschoren wird. Und außerdem wäre das Auffallende im Dasein des Maulwurfs, das Aufwerfen des Hügels, in dem Symbol nicht mit erfaßt. Deshalb glaube ich, daß der Ausdruck Schermaus sich auf den Vorgang der Geburt beziehen läßt. Das Ganggraben wäre der Geschlechtsakt, das Aufwerfen des Hügels die Schwangerschaft, das Erscheinen des Maulwurfs die Geburt, die notwendig die Abnabelung zur Folge hat. Schermaus würde die vorbereitenden Vorgänge bis zum Moment des Scherens, der Abnabelung umfassen.

Das Phänomen der Schwangerschaft (Hügel der Schermaus) bringt mich zu dem Kyklos, Zirkel, Kreis zurück. Der Begriff des

Kreises erfordert den des Mittelpunktes. und hier lassen sich wieder andre Fäden anknüpfen. Freilich mit dem Wort Mittel, Mitte, lat. medius, gr. mesos (μεσος) weiß ich nichts anzufangen, und die Etymologie gibt mir nicht den geringsten Aufschluß! Dagegen ist Punkt unbedingt der Stich als Resultat des Stechens (lat. pungere). Und nun ist es merkwürdig, daß das gleichbedeutende Wort Zentrum Stachel heißt (gr. kentron, κεντϱον). Man gibt eine einfache und sicher richtige Erklärung dafür, daß das Zentrum des Kreises ein Stachel oder ein Hineingestochnes (punctum) ist. Die Kreislinie wurde mit Hilfe eines Pflockes als Mitte und eines Fadens oder Seils als Radius auf der Erde gezogen und in sie mit einem zweiten Werkzeug am andern Ende des Radius eingeritzt. Die Symbolik des Radius als Nabelschnur, des Zentrums als Ansatzstelle der Schnur am Mutterkuchen (Placenta), des Kreises als der größten Entfernungslinie, die die Schnur zwischen Mutter und Kind gestattet, liegt nahe. Punctum mit dem Stachel kentron darin ist aber auch der Augenblick, in dem Männlich und Weiblich (sexus) sich zum individuum vereinen, dann ist der Kreis die Welt; denn das Weltgeschehen ist Streben des Sexus zum Individuum. Da diese Kreislinie nach allen Seiten hin denkbar ist, gehört auch der Begriff der Kugel (gr. sphaira, lat. globus) in den Komplex des Nabels und der Schwangerschaft hinein.

Vorläufig werde ich erst einiges über Placenta und Mutterkuchen sagen. Walde leitet placenta von dem gr. plakus (πλακους) = Kuchen unter Zuhilfenahme des lat. placeo = gefallen, eben sein ab (fr. plaire, engl. please, it. piacere). Man könnte kein treffenderes Wortgleichnis für den gefälligen Zustand des Kindes im Mutterleibe erfinden. (Das italienische piano, das in der Musik so bedeutend ist, gehört zu placeo, planus = flach, eben.) Das griechische plakus leitet Prellwitz von einer Wurzel plak- breitschlagen her; es hat ebenso wie placenta die Nebenbedeutung Kuchen (Fladen). Zu dieser Übereinstimmung, in allen drei Sprachen dem Gebilde die Bedeutung Kuchen zu geben, hat wohl nicht nur die Form des Mutterkuchens Veranlassung gegeben, sondern ebenso der selige Himmelszustand der Leibesfrucht während des Aufenthalts in der Mutter; die Vorstellung vom Kuchen ist von der Glückseligkeit nicht zu trennen, und so ist es natürlich, die Ernährung des Kindes mit Kuchen zu verbinden.

Dem Wort Kuchen etymologisch beizukommen ist kaum möglich. Ein Laie wird zunächst an Kochen, Koch, Küche denken; aber eben nur ein Laie. Die Wissenschaft denkt darüber ganz anders. Wenn ich es recht verstanden habe, ist das Haupthindernis, Kuchen mit Koch zusammenzubringen, die verschiedene Länge der Vokale, wozu noch für Kuchen ein gedehntes a im schwedischen kaka und englischen cake kommt, die abgründig vom lustigen kurzen o getrennt sind. Vielleicht sind es aber andre lautgesetzliche Hindernisse, die solche laienhaften Zusammenstellungen unmöglich machen. Aber was kümmert das mich? Für mich steht es fest, daß die älteste Küche der Welt der Bauch gewesen ist, im besondern der Frauenbauch mit dem Kessel der Gebärmutter und der Feuerstätte der Scheide, und daß der erste Koch der Mann gewesen ist, der das Feuer entzündete und die Frau mit Hilfe seines symbolischen Küchenjungen schwängerte. Und dieser Küchenjunge heißt im Französischen coq (coquet, coquin) und im Englischen cock, im Deutschen Gockler, und im Lateinischen heißt kochen coqueo. Coq ist die Bezeichnung für den männlichen Geschlechtsteil, heißt aber Hahn, Hahn ist wieder das Tier mit Kamm und Sporn, bezeichnet aber ebenso wie coq den Geschlechtsteil, und im Schwedischen heißt „han“ er, „hun“ (hon geschrieben) sie, „hennes“ ihrer. Da ist die Bescherung. Das Hühnchen ist Küchlein, die Küche ist Kuchel (engl. chicken und kitchen). Und Placenta ist das griechische plakus und das deutsche Fladen, alles miteinander Wörter für Kuchen, und im Schwedischen ist Kuchen kaka, und während der Deutsche Kuhfladen sagt, sagt der Schwede für dasselbe Ding kokaka. Und kacken? Nein, das geht zu weit. Das ist nicht mehr anständig.

Aber es ist wahr. Wenn ihr armseligen Menschenkinder nicht in eurem Darm, dieser vortrefflichsten Küche, Millionen kleiner Mikrobenköche hättet, würdet ihr bald erledigt sein. Sie backen den Kuchen, den der rohe Barbar Kacke nennt, und die Mikroben des Spermas backen den Mutterkuchen, und symbolisch, das ist längst bewiesen, ist Geburt und Entleerung, Kind und

Kacke dasselbe (Atavismus?). Ja, es ist unanständig, aber es ist wahr.

Der Mensch ist unersättlich, indezente Dinge in sich aufzunehmen. So gehe ich denn weiter. Die Henne legt Eier, das heißt dem Wesen nach kackt sie diese Eier, und dazu gackelt sie, kackeln und kakern sind andre Ausdrücke dafür. Im Griechischen heißt das Rebhuhn kakkabe (κακκαβη), kakkazo (κακκαζω) = gackern, kakkao (κακκαω) = kacken, kakke (κακκη) ist identisch mit unserm deutschen Wort.

Artokopos (αρτοκοπος) ist Koch, kopros (κοπρος) = Mist. Die ersten Silben des Worts führen zu artos (αρτος) = Brot und hängen zusammen mit artyo (αρτυω) = fügen, bereiten, würzen, und dies Wort führt zu ararisko (αραρισκω) = fügen. Da stehen wir nun gar vor einer großen Auswahl: ai. gibt es ein Wort „arpayati = steckt hinein", aram = passend, aras = Radspeiche, araris = Türflügel, lauter erotische Symbole; ab. irmas- arema = Arm (umarmen, embrasser), lat. artus = Gelenk, gr. artys (αρτυς) = Freundschaft, Verbindung, arthron (αρθρον) = Gelenk, arachne (αραχνη) = Spinne, aresko (αρεσκω) = zufriedenstellen, befriedigt werden, areion, aristos (αρειον, αριστος) = besser, der beste, arete (αρετη) = Manneskraft (virtus = Tugend). — Alles von der Wurzel ar- vereinigen.

Das Gebilde des Mutterkuchens gibt mir Veranlassung zu einigen Bemerkungen, die bis zu einem gewissen Grade das „individuum", die gewaltsam getrennten „sexus" und die Wiedervereinigung dieser beiden zum „individuum" verdeutlichen sollen. Der Mutterkuchen entsteht durch Wachstumsvorgänge von der Gebärmutter aus und durch solche vom Kinde aus. Von beiden Seiten bilden sich Platten, die mit Zotten bedeckt sind, so daß die Zotten des kindlichen Teils in die Vertiefungen des mütterlichen hineinwuchern und ebenso die mütterlichen Zotten in die kindlichen Tiefen. Die kindliche Hälfte wird niemals Bestandteil der Mutter, die mütterliche niemals des Kindes. Vielmehr könnte man das Verhältnis mit dem Falten der Hände, wo die Finger der einen Hand sich zwischen die Finger der andern legen, vergleichen, nur daß die kindlichen Zotten nicht aus den mütterlichen Tälern herausgezogen werden können. Der weitverbreitete Glaube, daß mütterliches Blut in den kindlichen Organismus überfließe, ist falsch, ja, es muß hier deutlich und scharf ausgesprochen werden, daß das Kindliche von dem Moment an, wo das Ei den mütterlichen Eierstock und das Samentierchen den väterlichen Hoden verläßt, nicht den geringsten organischen Zusammenhang mehr mit den Eltern hat, daß eben die beiden „sexus" sich selbsttätig aufgesucht und zu einem „individuum" zusammengefügt haben. Von dem Samen wird das ein jeder sofort zugeben; da aber das Kindliche innerhalb des Mutterleibes, allerdings ohne organische Verbindung, sondern nur zur Pflege bleibt, hat sich die Meinung auf allen Lebensgebieten durchgesetzt, daß Kind und Mutter näher zueinander ständen als Kind und Vater. Bis zu einem gewissen Grade ist das richtig, ebenso wie es richtig ist, daß ein Haus, in dem wir lange Zeit wohnen und große Erlebnisse haben, uns vertrauter ist als eines, in dem wir nur die frühesten Kindheitswochen zugebracht haben; aber unter Umständen ist das Stammhaus, das seit Jahrhunderten steht, für uns wichtiger als das Geburtshaus; das läßt sich nicht ohne weiteres entscheiden, es sind Imponderabilien. Jedenfalls aber ist das Kindliche weder Schöpfung des Vaters noch der Mutter, sondern des Wiedervereinigungszwangs des „sexus" zum „individuum". Die Samenzelle sucht aus eigner Kraft das Ei auf, und aus eigner Kraft öffnet sich das Ei zum Empfang des Zellenbräutigams. Und wie bei dem Mutterkuchen ist diese Vereinigung der „sexus", Ei und Samenzelle, keine Vermischung, sondern ein Ineinanderfalten, vergleichbar dem Händefalten, der Umschlingung von Mann und Weib, nur daß sie unlöslich ist. So wenigstens darf man nach dem augenblicklichen Stande unsres Wissens urteilen. Naturgegeben ist die Beziehung Mutter—Kind als Notwendigkeit für das Kind nur für die Zeit der Schwangerschaft; mit der Geburt endet die Mutterschaft im tiefsten Sinne des Worts, von da an kann die Mutter ersetzt werden. Das Kind verläßt die Welt des Mutterleibes und tritt in neue Weltordnung ein.

Der vorgeburtliche Zustand des Menschen ist Geheimnis, wie schon die Verhüllung dieses Zustands in der Höhle des Mutterleibs zeigt, und dieses Geheimnis ist unantastbar, seine Wirkung unermeßlich. Höhle und Heiligtum entstammen derselben Wurzel.

Es ist nicht statthaft, dem heiligen Geheimnis nachzuspähen, es ist auch erfolglos. Aber man kann versuchen, sich einiges klarzumachen, die Bedeutung des Heiligen an den Folgen zu ermessen, die auch die nachgeburtlichen Beziehungen des Menschen zu seiner Mutter haben, Beziehungen, die, wie es scheint, nur der Mensch sein Leben lang bewahrt und pflegt. Nur so kann man dazu kommen, die Mutter zu verehren, und Ehrfurcht vor der Mutter ist Bedingung des menschlichen Lebens. Der Rahmen dieses Buches würde gesprengt werden, wenn ich näher auf diese Dinge eingehen wollte, die sich auf dem Grenzgebiet der Menschenperson und des Menschenindividuums abspielen. Person und Individuum sind wesensbedingende Eigentümlichkeiten, die miteinander verschlungen sind, weder das eine noch das andre steht höher oder niedriger, sie sind beide menschlich.

Zu der Erscheinung Individuum—Sexus ließe sich leicht eine Parallele Keimplasma—Körperplasma ziehen. Meine Kenntnisse auf diesem Gebiet würden aber nur Wiedergaben der Erfahrung andrer sein. Ich verzichte lieber auf ein Mäntelchen der Wissenschaftlichkeit, schon weil ich erwarten müßte, daß dies Mäntelchen sehr rasch von denen abgerissen werden würde, die sich durch Arbeit das Recht erworben haben, das Gewand der Wissenschaft zu tragen. Lieber wiederhole ich meine Meinung, daß sexus lediglich eine Verkleidung der unteilbaren Dreieinheit des Menschlichen ist, daß schon Ei und Samenzelle individua sind, die nur der Form nach verschiedenes Geschlecht haben. Bei der Befruchtung verschwindet der sexuelle Charakter und die Individualität, die bei dieser Verschlingung beider formell verschiedener individua entsteht, löst sich nicht wieder, sie ist in gewissem Sinne ewig. In dem Mutterkuchen ist diese Verschlingung von Weiblich-Kindlich-Männlich formell unlöslich, sie hat aber keine lebendige Dauer, mit der Geburt verliert dieses Symbol der Dreieinheit sein Leben. Im Laufe des embryonalen Lebens nimmt die Individualität wieder die Form des geschlechtlichen Unterschiedes an und führt schließlich zu dem, was wir als Mann und Weib im Gegensatz zueinander sehen.

Das tägliche Leben, nicht zum wenigsten die Gewalt des Eros, macht uns fast ganz blind für die Tatsache des dreieinen Menschlichen, das trotz aller sexuellen Unterschiede beider Geschlechter tiefstes Leben regiert. Die Frage nach Männerrecht oder Frauenrecht, nach Elterngewalt und Kindererziehung dringt nicht bis zu den Tiefen. Aber niemand kann an ihnen vorübergehen, unser Erleben ist bedingt durch die verschiedene Form des Unteilbaren als Mann oder Weib, als Mannbar oder Kind. Die Unterschiede von Mann und Weib sind da, und sie suchen nach einem Ausgleich, der für den kurzen Moment der seelischen oder körperlichen Vermischung eintritt, um sofort wieder zu verschwinden. Man kann mit Recht diese kurzen Momente der Erosherrschaft das erschütternde Symbol des Menschlichen nennen; wenngleich die seelische Verschlingung wohl die innigere ist, so könnte zur Darstellung des Symbols doch nur die körperliche Verschlingung gewählt werden. Daß die Kunst fast nie wagt, diese Verschlingung darzustellen, und daß, wenn sie es wagt, das Wagnis immer künstlerisch mißlingt, ist der beste Beweis, wie mangelhaft sich tiefste Symbole im Bilde und, wie ich zufüge, im Wort ausdrücken lassen. Der Gott, der Mensch ist, der Mensch, der Gott ist, kann nicht dargestellt werden.

Die Kunst vermag nur Mann und Weib gegenüberzustellen. Der Typus, den sie dafür im letzten Jahrtausend gewählt hat, ist Adam und Eva im Paradies.

Von Albrecht Dürers Hand gibt es einen Kupferstich, der den Sündenfall darstellt (Taf. 8); in dem hat das Unbewußte — oder war es das Bewußte des frommen Schalks — in wenigen Strichen viel vom Menschenleben erzählt. Da sind zunächst im Vordergrund des Bildes zwei Tiere, dem Adam gehört ein harmloses Mäuschen an, vor Eva sitzt eine Katze; zum Zeichen, daß sie zu Eva gehört, ringelt sich ihr Schwanz zwischen den Beinen des Weibes. Wer kennt nicht Frauen, die beim Wahrnehmen der Maus auf den nächsten Stuhl klettern, damit die Maus nicht unter den Röcken nach dem Mauseloch sucht? — Wer wüßte es nicht, daß die Katze, die die Maus frißt, ein Weibessymbol ist? — Zwischen Adam und Eva strebt der Baum in die Höhe, der das Werkzeug versinnbildlicht, mit dem Mann und Weib sich vereinigen. Und dieser Stamm trägt nach Evas Seite hin einen ragenden Ast voll lockender Früchte; um ihn und den Stamm schlingt sich die Schlange, dies Wahrzeichen vom Manne, vom Weibe und von beiden zusammen, und Eva nimmt dem Tiere den Apfel aus dem Maul. Adam hält schon die Hand hin, den Apfel zu nehmen. Aber was bedeutet es, daß Eva schon in der andern Hand einen zweiten Apfel hat, den sie hinter ihrem Rücken vor Adams Blick versteckt? Und warum ist dem Adam der Hirsch beigegeben, der sein Geweih zur Schau trägt? Adam schaut sein Weib an, Eva sieht nur den Apfel. Dürer war nicht der Meinung vom Weibe, die unsrer Zeit so seltsames Gesicht gegeben hat. Damals war wohl der Mann mehr der Gefahr des Geweihs ausgesetzt als in unsern Tagen der Frauentreue. Fruchtbarer war das Weib sicher: Eva hat das Kaninchen bei sich, die Äpfel hängen zu ihr hin, und hinter ihr ruht die Kuh. Adams Ast — er zweigt sich von einem Stamm hinter seinem Rücken ab und Adam hält sich an diesem Ast —, Adams Zweig ist früchtelos, nur ein Vogel sitzt darauf, ein Papagei, und eine Tafel prahlt von den Taten des Mannes Dürer. Dieser Stamm Adams, von dem er wegschreitet, hat weibliche Symbole in zwei klaffenden Spalten der Rinde, ein zweiter Ast — Kind legt sein Laub vor das männliche Abzeichen: Adam geht von dem Symbol des Menschlichen aus, so scheint es, aber er verläßt Vater und Mutter und Kind — das Symbol — für das Weib, das ihm den Apfel geben wird, sie ist Imago geworden. Evas schamschützendes Laub kommt von dem Apfel her, den sie vor Adam verbirgt. Die Mutter Kuh ist noch dicht hinter ihr, aber der stoßende Vater Steinbock ist auf einsamen Felsengipfel verwiesen. Für Dürer war, scheint es, das Weib noch kein unlösbares Rätsel.

Bei früherer Gelegenheit habe ich Michelangelos Creazione dell'Uomo besprochen, in der das Mysterium von der Erschaffung des Mannes aus der Vision des Menschlichen dargestellt ist. Bei dem Gegenstück des Bildes, der Creazione della Donna (Taf. 9), ist das Mysterium ergänzt. Keine Spur der leidenschaftlichen Erregung des andern Bildes ist hier vorhanden, auch nichts von dem visionären Charakter. Das Weib, vom Gotte losgelöst, hat den Ausdruck des Staunens behalten, ja, dieser Ausdruck hat sich bis zur Ehrfurcht geläutert. Sonst herrscht auf dem Bilde Ruhe und Schlaf. Das Weib ist in der Umarmung des Mannes entstanden, das Unbewußte kennt das Geheimnis, daß das Mädchen Weib wird nicht in der Empfängnis, sondern im Liebesspiel mit dem Manne. Das Sichfortpflanzen ist eines der vielen Ergebnisse des Liebesspiels, kann es zuweilen sein, aber niemals fehlt in diesem Sichvereinigen, daß der Mann seine Kraft verliert und zum Kind wird, während das Mädchen zum schützenden Weibe des Mannes wird, zur Hüterin über seine Schwäche, zur Mutter des Geliebten. Auf Michelangelos Bild schläft der Mann in vollkommener Erschlaffung. Die Stümpfe von Baum und Ast betonen symbolisch, daß ihm die Mannheit genommen ist, und der riesige Gott der Creazione dell'Uomo ist alt und überragt nicht mehr das Menschenmaß, sein Rücken ist gebeugt, er ist der Weise, dessen Leidenschaft nicht mehr das Weib begehrt, sondern in verhaltner Kraft mit gekrümmten Armen und gebognem Knie das anbetende Weib dem Kosmos eingliedert. Dem Gotte entgegen schreitet das Weib der Mutterschaft zu, die es vom Manne trennen wird. Alles in ihr ist ehrfürchtige Huldigung der Erschaffenen vor dem erzeugenden Gott, nicht mehr Anstaunen des Geliebten, den sie, einer neuen Zukunft zugewendet, treulos verläßt. Und wie der Mann nach dem Schlaf seine Fähigkeit, Mann zu sein, wieder hat, so wird die Mutter wieder zum Mädchen, um die liebliche, gut zu essende Frucht der Liebe mit dem Manne zu teilen.

7

Die Meinung, daß ein Individuum, wenn es gewaltsam in Sexus zerlegt worden ist, sich nach neuer Vereinigung sehnt, hat viel für sich. Der Trieb beider Geschlechter zueinander läßt sich darin verdeutlichen; die Sehnsucht nach Wiedervereinigung zweier Segmente, Weib und Kind, einer individuellen Welt würde die wichtigen Inzestwünsche zwischen Sohn und Mutter unabhängig von den Ereignissen nach der Geburt machen und ihnen den Charakter unvermeidlicher menschlicher Notwendigkeit geben; ja auch die gleichgeschlechtlichen Leidenschaften würden auf eine Art Urgrund zurückgeführt. Man stände der Möglichkeit gegenüber, das Leben selbst als abhängig von dem Triebe einer zwiegespaltenen Dreieinheit zur Vereinigung aufzufassen. Die Wirkung des Begriffs Individuum würde sich damit auf alle Beziehungen des Menschen zum Menschen, ja zur ganzen Welt ausdehnen. Überall und durchaus gäbe es nicht Mensch und Nichtmensch, sondern nur immer Mensch-Gott, Mensch-Tisch, Mensch-Tag, Mensch-Welt, nicht Subjekt und Objekt, sondern ein Neues, ein Subjekt-Objekt. Von meinem Standpunkt als Arzt aus betone ich, daß eine solche Bildung eines neuen Individuums Kranker-Arzt die Angel ist, um die sich die Behandlung dreht. Ich überlasse dem Leser die Anwendung auf das Problem des freien Willens und der Notwendigkeit; andrerseits möchte ich hervorheben, daß die Beziehungen von Individuum und Sexus klarer werden, sobald man die Frage des freien Willens hineinzieht. In der Tat kenne ich keinen andern Weg, um sich mit dem Phänomen des Ganzen im Teil und des Teils im Ganzen auseinanderzusetzen. Beschränkt man den Blick auf die Erscheinungen des menschlichen Individuums, so treten zwei solcher Versuche einer

Vereinigung deutlich hervor: der Beginn und das Ende, Empfangen und Sterben.

Ich habe schon mehrfach auf die enge Verwandtschaft von Empfängnis und Tod aufmerksam gemacht. Der Tod des Männlichen (Samenerguß mit folgender Erschlaffung) ist die Bedingung des Werdens. Großartig hat sich diese Wahrheit in der Sage vom Sündenfall durchgesetzt, die den Baum des Lebens neben den der Erkenntnis (erkennen = begatten), das Sterben neben das Werden setzt.

Das Wort „sterben" (engl. to starve = vor Hunger umkommen) scheint ursprünglich „sich mühen, arbeiten" zu bedeuten (anord. starf = Arbeit, starfa = sich mühen, stjarfe = Starrkrampf). Dieselbe Sinnverwandtschaft findet sich im Griechischen, wo kamno (*καμνω*) sich mühen heißt, kamontes (*καμοντες*) die Verstorbenen. (Wurzel: kam-, cema-, cme- = müde werden, sich mühen.) Verwandte griechische Wörter klären über die Beziehung von „sich mühen" und „sterben" auf. Kamara (*καμαρα*) heißt das Gewölbe (lat. camera, camur = gewölbt, nhd. Kammer; anord. hamo = Hülle, nhd. Hamen = Fangnetz, nhd. Hemd, got. himins = Himmel, gr. kaminos [*καμινος*] = Ofen, Ofen = Gebärmutter, in der das Kind gebacken wird, Backofen noch jetzt Bezeichnung für Gebärmutter). Kamaros (*καμαρος*) ist Hummer (Scheren sind Symbol der weiblichen Geschlechtstätigkeit), dasselbe Wort ist gebraucht für Nieswurz und Gift (Samen), kamax (*καμαξ*) ist Stange, Pfahl, kamasso (*καμασσω*) = schwingen, schütteln, kmelethron (*κμελεθρον*) = Dach, Haus, alles Geschlechtssymbole (Wurzel: crampo-, kep- = krümmen; ai. capam = Bogen, capalam = unstetes Wesen).

Hält man sich an die frühere Bedeutung von sterben gleich arbeiten, so ist die Erinnerung an den Sündenfall kaum zu unterdrücken. „Im Schweiße deines Angesichts sollst du dein Brot essen", lautet der Fluch, mit dem Adam aus dem Paradies vertrieben wird. Kaum etwas charakterisiert unsre modernen Gesinnungen besser, als daß wir Arbeiten für etwas Erstrebenswertes halten, vom Recht auf Arbeit, statt von der Pflicht zur Arbeit sprechen, daß wir so tun, als ob Arbeiten ein Wertmesser für den Menschen sei.

Die Verwechslung von tun, sich beschäftigen und arbeiten ist verhängnisvoll. Ich habe nie gesehen oder davon gehört, daß Kinder arbeiten. Wohl aber beschäftigen sie sich ununterbrochen, wenn sie nicht schlafen. Und ich finde auch im Neuen Testament nicht die leiseste Andeutung, daß Christus gearbeitet habe. Mühe und Arbeit, die, scheint es, denselben Wortsinn haben, gehören zum menschlichen Leben, aber sie als tiefsten Sinn des Lebens aufzufassen geht nicht wohl an. Es gibt keinen Menschen, der lange hintereinander, sagen wir, länger als eine halbe Stunde arbeiten kann, nach Ablauf dieser Zeit wird die Arbeit zur Beschäftigung, meist sogar zu einem neben dem Innenleben hergehenden Tun. Alles Wesentliche schafft in uns das Irrationale, das wohl tut, aber nicht arbeitet. Arbeit, Mühe ist und bleibt auf sehr kurze Zeiträume beschränkt, führt niemals zum Erfolg, sondern wird hie und da vom Es bei seinem schöpferischen Wirken verwendet, durchaus nicht zum Wohlbehagen des Menschen — Mühe ist verwandt mit müde —, sondern weil sie hie und da notwendig ist.

Da meine Meinung, die sich schlecht mit Hilfe der physiologischen und psychologischen Tatsachen begründen läßt, den Tagesmeinungen widerspricht, gebe ich einige Wortzusammenhänge, die mir aufgefallen sind. Die Lateiner haben das Wort labor mit der Bedeutung Mühe, Arbeit (ora et labora). Nach Walde geht labor auf eine idg. Wurzel lob zurück, von der im Griechischen lobe (λωβη) = Mißhandlung, Schmach herkommt. — Noch deutlicher wird das, wenn man statt des Worts „Arbeit", das ursprünglich einen ganz andern Sinn hatte, das Wort „Mühe" zum Ausgangspunkt nimmt. Nach Kluge geht dieses Wort auf eine gemeinindogermanische Wurzel mô zurück, von der lat. moles, molior = Mühe und gr. molos (μωλος) = Mühe, molys (μωλυς) = durch Mühe entkräftet, herkommen. Molys hängt nach Prellwitz mit dem got. ga-malvjan = zermahlen zusammen, das führt nach ihm zu dem Wort aleo (αλεω) = mahlen, zermalmen, das mit lat. molo = mahlen und Mehl zusammenhängen soll. Prellwitz sagt, daß die Bedeutung mahlen erst europäisch sei, daß sie im Indogermanischen reiben, streichen, malmen und auch sudeln gewesen sei. Ich habe früher schon darauf hingewiesen, daß der Begriff des Mahlens gewisse Ähnlichkeiten mit der Geschlechtstätigkeit hat, die männliche Starrheit wird von dem Weiblichen zermalmt (lat. molo verwandt mit mollis = weich; mollis ist nach Walde möglicherweise Ursprung von mulier). Übereinstimmend bringen beide Forscher (Walde und Prellwitz) das gr. blax (*βλαξ*) und lat. flaccus = schlaff mit aleo und molo zusammen. Walde fügt noch das Wort blenna (*βλεννα*) = Schleim hinzu, so daß die Beziehung dieser ganzen Wortgruppe zu dem Geschlechtsverkehr, dem Absondern des Samenschleims und der Erschlaffung des Gliedes noch deutlicher wird. Damit stehen wir vor der Frage, ob man nicht ursprünglich unter Arbeit lediglich den Bau des eigenen Ackers und entsprechend der Symbolik das männliche Sichmühen beim Pflügen des weiblichen Ackers verstanden hat, wie es auch in die Paradiesessage hineingedeutet werden kann; damit wird aus der mühseligen Arbeit eine freudige Arbeit. Diese Symbolik des Wortes Arbeit wird bestätigt durch das stamm- und sinnverwandte lateinische Wort orbus = beraubt, das im Griechischen mit orphanos (*ορφανος*) = Waise zusammenhängt, im Deutschen mit dem Wort Erbe und Arbeit (got. arbi, ahd. arbi, erbi = Erbe, altir. orbe = Erbe). Auch hier ist die Beziehung der Arbeit zu dem Männlich-Weiblich-Kindlichen deutlich. Aus dem Begriff Erbe hat sich dann folgerichtig ein vorgermanisches orbho = Knecht, altslaw. rabu = Knecht entwickelt, da der freie Germane den Ackerbau (das Erbe) den Knechten und den Frauen überließ.

Sterben, starve, starfa (sich mühen), stjarfe = Starrkrampf kommen nach Walde von der indogermanischen Wurzel sterb-, erweitert aus ster-, von dem das Wort starr = steif herkommt (gr. strephenios, *στρεφηνιος*). Kluge bringt sterben auch mit lat. torpeo = starr sein zusammen. Die Starre bringt die Symbolik sterben und Geschlecht noch näher. Während beim Sterben, dem sogenannten Ende des Lebens, die Beziehungen zu den menschlichen Geschlechtsverhältnissen weit in das Unbewußte verdrängt sind, liegen sie bei dem Werden, Entstehen, dem sogenannten Anfang des Lebens, offen zutage. Entstehen gehört zu dem Begriff des Stehens, der mit dem Leben des Männlichen eng verbunden ist. Über das Wort Werden und seine Beziehungen zu lat. verto = drehen, werden habe ich bei früherer Gelegenheit gesprochen.

Die entscheidende Drehung des Menschen tritt bei der Geburt ein, durch die, was Unten war, Oben wird (der Kopf vor der Geburt und nach der Geburt). Andre Gebiete werden durch die lateinischen Ausdrücke orior = sich erheben, aufsteigen, entstehen, origo = Ursprung erschlossen. Griechisch ist damit ornymi (ορνυμι) = erregen, bewegen verwandt; orora (ορωρα) = ich bin erregt, orto (ωρτο) = es erhob sich, anoruo (ανορυω) = ich springe auf, ernos (ερνος) = Schößling, Zweig („Emporgeschossenes", wie norw. rune = Zweig, aisl. renna = schnell wachsen); Wurzel nach Prellwitz ore = Ehre, dazugehörend eretes (ερετης) = der Ruderer (rudern = Geschlechtssymbol); erchomai (ερχομαι) = kommen („die Natur kommt"), ornis (ορνις) = Vogel, nhd. Aar (Symbol!).

Aus all diesen stammverwandten Wörtern geht hervor, daß orior = entstehen das männliche Wirken bei dem Werdegang betont, es drückt den Gedanken aus, daß das Werden nur durch das Sterben des Männlichen möglich ist. Griechisch gignesthai (γιγνεσθαι) und lateinisch nasci (Wurzel gen- erkennen) deuten nach derselben Richtung: nur der Mann erkennt das Weib, nicht das Weib den Mann, nur der Mann stirbt, aus seinem Sterben geht das Werden hervor.

Folgt man dieser Meinung, so entsteht der Wunsch, auch das Wort „werden" (vertere = wenden, drehen) mit dem männlichen Prinzip zu verbinden. Ich nehme an, daß in dem Wort vertere neben der Drehung der Kindeswelt von dem Kopfstehen zum Kopfhochtragen die Wendung der Richtung bei Befruchtung und Geburt, Samen und Kind enthalten ist, die Richtung hinein wird zur Richtung hinaus.

In Dresden hängt unter der Bezeichnung „Das große Stilleben mit dem Vogelnest" ein Gemälde des Jan Davidsz de Heem (Taf. 10). Ganz rechts auf dem Bilde ist ein Baum gemalt, um dessen Stamm sich ein Ast windet; beide, Ast und Stamm, sind übersät von spielerischen Andeutungen, mit deren Beschreibung man lange Zeit zubringen könnte. Wichtig sind zwei Fratzen, die eine, mit breiter Nase und lachendem Mund, ist von einer vernarbten Astwunde geformt; dicht daneben sieht man eine affenähnliche als Ende eines Stumpfes. Diese Fratzen geben Aufschluß darüber, wie das Ganze betrachtet werden soll. Hunger, Liebe, Leben, Tod erscheinen in den mannigfachen Verkörperungen. Oben sitzt ein bunter Vogel mit geöffneten Flügeln, während sein Partner unten tot am Boden liegt. Zwischen beiden, nahe bei dem Tod, ist das Nest gemalt; zwei Eier liegen darin, ein drittes ist in zwei Hälften zerbrochen, aber der Eidotter ist nicht ausgelaufen. Auf einer Ranke des Nests sitzt ein Schmetterling mit halb zusammengeklappten Flügeln, der durch einen geknickten Kornhalm von einer Raupe getrennt ist. Dieser Halm trennt auch den toten Vogel von dem Nest und dem zerbrochenen Ei, nach oben zu endet er unter einem Eichenzweig mit zwei Eicheln und einer leeren Eichelhülle. Und um die Parallele zu vervollständigen, ist ein zweiter aufrechter Halm gemalt, dessen Ähre auf eine Zweiggabel gerichtet ist, während die Ähre des geknickten Halms, ebenso wie die eines dritten, zum Boden hinweist. Die Dreizahl erscheint auch in der Anordnung des dreifach gegliederten Eichenzweigs wieder, dessen einer Teil sich phallisch erhebt; auf seiner äußersten Spitze sitzt mit weitgeöffneten Flügeln ein zweiter bunter Falter voll Liebes- und Lebenslust. Auf dem umarmenden Ast des Baumes krabbelt als Sinnbild des Triebes in seiner brutalen Form der Maikäfer, an dessen unzweideutigen Geschlechtslüsten sich alle Kinder zu erregen wissen. Weiter zum Rand hin ist ein Hirschkäfer zu sehen, doppelt symbolisch Mann und Weib in Körper und Zangen vorstellend. Und ganz verborgen schleicht der Mord: eine Spinne läßt sich von der Gabel, nach der hin die eine Ähre strebt, auf eine Mücke nieder. Doch nicht weit davon sitzt die Gallwespe auf einem Eichenblatt, die Welt von neuem zu beleben. Und all dies Gewimmel von Leben und Tod, Lieben und Fortpflanzen bestaunt eine Schnecke, die, Doppelsinnbild, zum Fraße strebt. Hier reckt ein Kürbis seinen Stiel empor, dort labt sich eine Fliege an dem Saft, der sich an dem Spalt einer großen Melone gebildet hat. Raupen sieht man und Tausendfüßer, die zweisymbolige Wasserjungfer, die gefräßige Heuschrecke, geplatzte Kastanien als Ejakulations- und Geburtssinnbilder, Maus und Molch, Frosch und Käfer; und wie sich die eine Fliege an dem Spalt der Melone ergötzt, so tut es eine zweite kleinere an dem Sinnbild des Hinterteils, dem Pfirsich. Ganz am linken Rande aber sind Disteln gemalt, die mit ihren Blüten aufwärts in ein Loch in der Wölbung des zerfallenen Mauerwerks weisen.

Die massenhafte Verwendung der Symbole macht es wahrscheinlich, daß de Heem mit voller Absicht in dem Stilleben die Geschichte von Leben, Lieben und Sterben erzählt hat. Dicht bei seinem Bilde hängt ein zweites, von seinem Zeitgenossen Mignon gemaltes (Taf. 11), das fast dieselben Symbole bringt wie das de Heemsche. Um so mehr fallen die Unterschiede auf. Zunächst sind die ungeraden Zahlen Drei, Fünf, Sieben betont, und die Zwei bringt das Weibliche schärfer zum Ausdruck. Dafür fehlen alle Andeutungen des Sterbens. Beide Vögel sind lebendig, der eine baut an einem Nest, der andre sitzt dicht vor einem Zweiglein mit fünf Stachelbeeren. Die Mücke, die bei de Heem dem Tode durch die Spinne verfallen ist, läuft bei Mignon keine Gefahr, da ihre Feindin nicht mitgemalt ist. Das Bild de Heems hat die Stimmung des Verfalls schwüler Überreife, bei Mignon ist alles heiter in freudiger Fruchtbarkeit. Wesentlich ist das von der verschiedenen Ausführung des Nestes bedingt: bei de Heem liegt es am Boden, zerzaust und flankiert von der Vogelleiche und dem zerbrochenen Ei. Mignons Nest ist in den Obstkorb gebettet und die Eier sind unversehrt. Es ist rings von Liebessymbolen umgeben, und nicht der Tod, sondern tausendfältige Fruchtbarkeit ist da: aus einem zusammengerollten Blatt rieselt ein Strom von kleinen Würmchen herab. Sie sind auch auf dem de Heemschen Bilde zu sehen, aber dort sind sie nicht in so naher Beziehung zum Nest, sie zerstören dort, während sie bei Mignon in die Zukunft weisen. Der Zierkürbis mit seiner Phallusähnlichkeit ist dicht an das Nest gedrängt, bei de Heem ist er in die Nachbarschaft einer Schwertlilie gerückt, auf der andern Seite steckt ein Ästchen sich in den Ring des Korbhenkels, und auf diesem Weibessinnbild des Henkels sitzt der Vogel. Drei Pflaumen und drei Pfirsiche schmiegen sich an das Nest, eine leckere, dreigeteilte Traube hängt herab. Der männliche Kürbis mit seinem aufragenden Stiel ist neben die weibliche, noch unversehrte Melone gelagert, und um den Moment der seligen Vereinigung zu verdeutlichen, liegt die geplatzte Kastanie zwischen und vor den beiden. In der Fruchtschale vor dem Paar mischen sich schwarze Brombeeren mit roten Himbeeren. Hier deutet das Unbewußte die wunderlichen Dinge des Eros an: drei Judaskirschen liegen zwischen Fruchtschale und Kürbis-Melone, gekreuzt von einer herabhängenden Distel; es ist die dritte Blüte der Distel, bei de Heem sind nur zwei gemalt. Sie durchschneidet den Kopf des vordersten Judas, entmannt ihn, den Verräter. Am Griff der Fruchtschale aber sitzt die Fliege, um die Fünfzahl der Mispeln anzugreifen. Um den hängenden Distelkopf herum lagern sich Bohnen, die uns als Kindsymbol gut bekannt sind.

Drei Eier im Nest, das Nest gebettet in den fruchthegenden Korb, umgeben von Süße und Leben, alles umschlossen von dem Muttergewölbe: Soll man da nicht an die Macht des Symbols glauben?

Eizelle und Samenzelle sind sexuell so scharf geschieden, wie es nur möglich ist. Sie sind aber gleichzeitig in sich vollkommene Individuen, enthalten die Dreieinheit Mann, Weib, Kind. Wird ihnen durch den Verkehr von Mann und Weib Gelegenheit geboten, sich zu einem neuen Individuum zusammenzuschließen, so beginnt die Samenzelle im wahrsten Sinne des Wortes zu arbeiten, voll emsiger Lebendigkeit klimmt sie empor zu der Eizelle, um in ihr das zukünftige Leben zu erwecken (erquicken = zum Leben erwecken, quick stammverwandt mit lat. vivus = lebendig; Quecksilber, keck, engl. the quick and the dead). Die Bedingung für das Entstehen dieses neuen Lebens ist der Tod des lebenspendenden Samens, des aufrechten Phallus. Ganz anders ist es mit den beiden Individuen Mann und Weib. Der Trieb zur Vereinigung ist allerdings da und bestimmt das individuelle und persönliche Leben von Mann und Weib wesentlich, aber die Vereinigung zu einem Individuum kommt nie zustande, nur eine Annäherung tritt ein.

Die Bezeichnungen für diesen Vorgang der Annäherung sind in allen Sprachen unzählbar, ein deutlicher Beweis, wie eng die Beziehungen der Geschlechter mit allen Lebensvorgängen verwurzelt sind. Auffallend ist, daß gerade die Griechen, deren Sprachgefühl sonst so sicher ist, den Ausdruck meignysthai (*μειγνυσθαι*) = sich vermischen brauchen, was man wohl als ein Zeichen davon auffassen kann, daß ihr Wesen von der Gewalt des Eros besonders durchtränkt war. Ein andres Wort syneinai (*συνειναι*) = zusammensein übermittelt uns die tiefste Poesie, deren eine Sprache fähig ist. — Der Lateiner braucht coire = zusammengehen. Es ist bezeichnend, daß Frauen den Ausdruck komisch finden, denn in Wahrheit ist es nur der Mann, der taktmäßig schreitet. Das ist wichtig, weil in unsrer kenntnislosen Zeit die Männer den seltsamen Gedanken haben, eine Frau sei nur dann von der Leidenschaft des Verkehrs ergriffen, wenn sie ihrerseits die sich mühenden arbeitenden Bewegungen des Mannes zu übertreffen sucht. Jeder Mann könnte und sollte wissen, daß solche zur Schau getragene Leidenschaftlichkeit unecht ist. Das weibliche Wesen wird bei dem überwältigenden Genuß still und in ihren Gliedern regungslos. Ein andrer heute noch gebräuchlicher Ausdruck ist cohabitare = zusammenwohnen. — Im Schwedischen gibt es das schöne Wort samlaga = zusammenliegen. Ungefähr denselben Gedanken drückt unser deutsches „begatten" aus, das in dem englischen together = zusammen weiterlebt. — Aus den Tiefen des Unbewußten stammt der deutsche Ausdruck Beischlaf. Er deutet eines der tiefsten Geheimnisse von Mann und Weib an, das, soweit mir bekannt ist, keine andre Sprache enthält. In den meisten Wörtern ist das Zusammengenießen der Lust betont, unser Wort huldigt dem Gedanken, daß der Mann im Verkehr zum wehrlosen, schutzbedürftigen Kinde wird, über dessen Schlaf die Geliebte wie eine Mutter wacht.

Wie fremd dieser Gedanke dem Bewußtsein geworden ist, beweisen nicht nur die alltäglichen Redensarten, in denen wir uns über Mann und Weib, starkes und schwaches Geschlecht, Gleichberechtigung usw. ergehen, es hat auch dazu geführt, daß ein Mann wie Michelangelo, gewiß ohne die Bosheit, die er malte, zu ahnen, in der Creazione della Donna, die ich früher erwähnte, dem Weibe den Charakter der Delila gibt, die sich von dem schlafenden kraftlosen Manne weg dem Inbegriff der Männlichkeit zuwendet. Das Weib ist von Natur aus zwiefach gerichtet, hin zum Manne und hin zum Kinde. Die Frau muß von Natur aus zwei Herren dienen, und bei keiner bleiben die Augenblicke aus, in denen sie den Mann für das Kind oder das Kind für den Mann verrät. Den einzigen Mittelweg, im Manne das erstgeborene Kind zu sehen, verfehlt sie nur allzuoft. Freilich gab ihr Natur eine besondere Kraft, solch unterirdischen Konflikt ohne Schaden zu durchleben; sie sieht wie die Göttin der Gerechtigkeit nicht, was Recht und Unrecht ist. Die Frauen haben ein doppelzüngiges Gewissen.

Der leidenschaftliche Taumel, in dem die Geschlechter die Vereinigung suchen, verfehlt sein Ziel: das Individuum Mann-Weib zerfällt schon im Vereinigen, aber vom Manne haben sich Scharen von Söhnen abgespalten, die schöpferische Kraft in sich tragen. Wenn das Männliche längst gestorben ist, bleiben sie, um die harrende Braut zu suchen, und in diesem Übrigbleiben hat die deutsche Sprache ihr wichtigstes Wort gebildet, das Wort „Leben".

Ich habe schon früher darauf hingewiesen, daß „leben" (engl. live, schwed. leva) mit dem Wort bleiben (beleiben — den Leib geben) eng verwandt ist, daß es dem griechischen liparein (λιπαρειν) nahe steht und ebenso dem lateinischen lippus = triefend.

Die idg. Wurzel zu lippus ist leip = fette Schmiere; ai. liptah = klebend, lepah = Schmutz. Man sieht, daß die schicksalsschwere Verklammerung von Geschlechtsliebe und Beflecken, von Samen und Schmutz schon den sprachbildenden Gewalten des Unbewußten bekannt und zwingend bekannt war. — Das gr. lipos (λιπος) = Fett und liparos (λιπαρος) = fett führen zu dem Wort Leber, lat. jecur, gr. hepar (ηπαρ), was für die ärztliche Betrachtung dieses Organs wichtig ist. Die Abneigung gegen Fett, die Idee des Unbekömmlichen von Fett beruht auf einer Identifikation mit Samen; Flecken in der Wäsche.

Das deutsche „Kleben" gehört in diesen Wortkreis. In dem Klebenden steckt das bleibende Leben; der scheinbare Abscheu des Weibes vor der Berührung mit dem männlichen Samen (Befleckung, Übelkeit bei dem Geruch der Edelkastanienblüte) ist in Wahrheit Scheu, das heilige bleibende Leben zu berühren, sie beruht auf der gleichen unbewußten Verehrung, die dem Weibe es unmöglich macht, selbst in der Notwehr der Vorgewaltigung die Hoden des Mannes zu zerdrücken, was sie sofort von ihrem Gegner befreien würde. — Die Wurzel leib- ist nach Walde vermutlich eine Erweiterung von idg. lei-, das sich in dem lat. lino = beschmieren erhalten hat. Eine gleichlautende Wurzel bedeutet „sich anschmiegen" (nhd. lind, bayr. len = weich usw.). Walde bezieht darauf, allerdings zögernd, lat. limax = Schnecke (doppelgeschlechtliches Symbol), limus = Schlamm, nhd. Schleim, Lehm (Erschaffung Adams — humus — homo) usw., auch lubricus = schlüpfrig. Ebenso „libo = ausgießen, opfern, aber auch von etwas kosten, genießen" bringt Walde in diesen Zusammenhang. Er fügt hinzu, es sei fast unmöglich, alle vorliegenden Bedeutungen unter einen Hut zu bringen. Sobald man die Geschlechtsverhältnisse mitbetrachtet, besteht keine Schwierigkeit mehr. Ja, es drängt sich dann die Vermutung auf, daß auch das lateinische Wort libet = es gefällt in diese Reihe gehört, das heißt zu dem Begriff und Wort „leben". Mit libet, libido ist aber unser deutsches Liebe (engl. love) auf das engste verwandt.

Mit den Wörtern „Liebe, lieben" gerät man in ein Gebiet der Begriffsverwirrung, wie es schlimmer, gefährlicher kaum zu denken ist. Am besten ist es, sich um nichts zu kümmern, was nicht klar zu dem Worte gehört. Freilich auch dann wird man kaum je imstande sein, dem Wort seinen einfachen Sinn wiederzugeben. Ein tief im Menschlichen verwurzelter Trieb, die Gier, hat sich in das Wort eingedrängt und hat es verwandelt, genau wie die Gier die Wörter „Gold" (ursprünglich Glut, Morgengrauen, lat. aurum — aurora, gr. chrysos [χρυσος] = grau) und „Geld" (ursprünglich Opfergabe) entstellt hat. Die Wurzel des Worts „lieben" (engl. love) ist idg. leubh-, und von dieser Wurzel stammen weiter die Wörter „Lob", „geloben", „glauben". Der Sinn ist ohne Bedenken mit dem Wort gefallen (lat. libet) zusammenzubringen. Ge-fallen ist mit etwas anderm zusammenfallen (ndl. medfallen. Kluge, der die Silbe ge- mit zusammen übersetzt, deutet das Wort gefallen als zufallen; ein Zeichen, wie Verdrängtes wirkt). Der Begriff Liebe steht in engster Beziehung zu dem griechischen Wort Symbol, ja ich glaube, daß es dasselbe ist. Wir lieben, was symbolisch mit uns ist, was wir selbst sind. Wie sollte es auch anders sein? Das bekannte Wort Christi, das, wie es scheint, der Sinn und Ausdruck der modernen europäischen Christlichkeit geworden ist: „Liebe deinen Nächsten wie dich selbst!", drückt das in dem „wie" (gr. hos, ὥς) deutlich aus. Wir können nur lieben, was als Symbol, als Geglaubtes und vom tiefsten Menschlichen Erlaubtes zu uns gehört. Das ist die Wahrheit. Wenigstens ist es meine Wahrheit.

Das griechische symballein (συμβαλλειν) bedeutet aber nicht nur zusammenfallen, sondern auch zusammenwerfen, bezeichnet also eine Handlung des Ichs (lieben — belieben sind analog dazu). Hier scheint mir die Wurzel des Übels zu liegen. Das Gefallen, Lieben ist eine klare Tätigkeit des Es, das Gefallenwollen, Belieben, Begehren trägt die Verkleidung des Ichs. Die menschliche Welt des Symbols wird stets durch die ebenso menschliche Welt des Denkens, des Dünkels, des „Scheinenmachens als ob“ verdunkelt. So ist es mit der Wurzel leubh- gegangen, die neben „libet = es gefällt“ und „lieben, geloben, glauben“ die Wörter „libido = Begierde“ und „verliebt“ hervorgebracht hat. „Liebe“ mag ursprünglich dem menschlichen „individuum“ gegolten haben, während der „sexus“ des „individuums“ für seine Beziehung zur „persona“ des Menschen den Ausdruck „freien“ gebrauchte.

Die griechische Sprache scheint die Verdunklung der Wörter für Liebe (philein, φιλειν; erasthai, ερασθαι) in der Zeit des entstehenden Christentums, als es darauf ankam, statt der „persona“ wieder das „individuum“ anzuerkennen, so tief empfunden zu haben, daß sie das Wort agapan (αγαπαν) = lieben in die Ausdrucksweise der Evangelien aufnahm; agapan ist zusammengefügt aus megas (μεγας) = groß und paomai (παομαι, Wurzel pah-) = nehmen. Es ist nicht leicht zu übersetzen, am ehesten etwa mit „etwas mit Ehrfurcht in sich aufnehmen“. Ich erwähne es, weil auch in diesem Versuch, das Wort dem menschlichen „individuum“ anzupassen, der „sexus“ hineinspukt, denn pah- gehört zu der großen Gruppe puh-, fuh-, die gewiß im höchsten Grade nicht bloß sexuell, sondern genital betont ist.

Trotz dieser unlösbaren Verquickung des „sexus“ und des „individuums“ auch in den Wörtern muß man versuchen, zu bestimmten Zwecken eine Unterscheidung zwischen Liebe und Liebe zu machen, und so sei es denn gesagt, daß sie in ihren tausendfachen Formen bald mehr von der Symbolwelt, der des Es, bald mehr von der Welt des Dünkels, des Ichs aus wirkt. Die eine Liebe steht nicht über der andern und die andre nicht über der einen. Man kann Menschliches betrachten, ohne in den Streit über Wert und Unwert des Geschlechtlichen, des Sinnlichen, einzutreten, ja, für mein Meinen ist es schwer, nur die eine Seite zu betrachten.

Unter Umständen erzählen Bilder mehr von der geheimnisvollen Vermischung des Individuums und der Person, der agape und der philia, der irdischen und himmlischen Liebe, um dies seltsam wenig sagende Wort zu gebrauchen, als Worte.

Wer das Unbewußte des Bildes ins Auge faßt, erfährt zuzeiten Dinge, die da sind und dem Leben angehören, obwohl sie kaum je erwähnt werden. Daß Liebe und Leidenschaft zwei ganz verschiedene Dinge sind, spricht man so hin, aber man bedenkt nicht, daß die Leidenschaft so gut wie nichts mit der Liebe zu tun hat, daß sie von ganz andern Dingen geweckt wird als von der Gegenwart des geliebten Objekts. Man wundert sich, daß der Mensch das nicht wahrhaben will, obwohl es offen zutage liegt. Selbst das verliebte Paar ist nur selten leidenschaftlich, seine Liebe ist ruhiges Gleichgewicht; wenn dieses Gleichgewicht zugunsten der Leidenschaft verlorengeht, so wirken geheime Kräfte, die wohl verdienen, heilig genannt zu werden, die jedenfalls so unfaßbar sind, daß dem Menschen nur übrig bleibt, sich mit der Anerkennung des Magischen zu begnügen. Mitunter zuckt ein Lichtstrahl auf und gestattet gerade so viel zu sehen, um das Dunkel des Magischen noch stärker zu empfinden. Menzel hat einmal das Arbeitszimmer Friedrichs des Großen gemalt (Taf. 12): Durch die geöffnete Flügeltür sieht man auf den Schreibtisch, auf das Sofa und zwei Stühle. Das Bild ladet zur Liebe ein, verführt unmerklich zu zartestem Liebesrausch: Alles ist bereit, das Weibessymbol des Schreibtisches umgeben von der Dreizahl harrt der zärtlichen Hand des Eros, der in der tiefen, warmen Stille des Raums leise dem Betrachter die Reize der Geliebten vorzaubert. Und die offenen Flügel der Türe flüstern dem Mädchen zu, was geschehen kann, was sie ersehnen soll.

Oder man sieht den Treppenaufgang zu Sanssouci von demselben Künstler. Drei Bäume deuten stumm den Sinn der Stufen zur Liebe, den Sinn davon, daß das Unbewußte gerade diese Zusammenstellung wählte, wo Liebesgötter im Spiel der Erotik das Abbild der Vereinigung umrahmen. Gewiß, man kann sich das alles auch anders zurechtlegen, muß es anders deuten, da ist kein Zweifel. Aber das hindert nicht, daß tausendfach im Leben Bäume, Treppen und zärtliches Lieben zwei Menschen innig vereinigen, die eben noch weit in ihren Gedanken und Wünschen voneinander getrennt waren. — So nennt Menzel ein andres Bildchen „Reisepläne" (Taf. 13), aber das Unbewußte erzählt, wohin die Reise führen wird. Ein Weib schreitet die Treppe hinauf, den aufgespannten Sonnenschirm gen Boden richtend und leicht ihr Kleid raffend. Noch wissen die beiden Männer am Tisch nichts von ihr, aber ein leises Ahnen lebt in ihnen: der eine steht halb aufrecht, und der Hund hinter ihm lugt nach der Dame aus. Beide Männer rauchen, sie sind liebesreif, und dem halb stehenden gegenüber ist eine große Vase mit einer Pflanze, und um die Vase ringelt es sich wie eine Schlange. Zwischen ihr und dem Manne liegt der Reiseplan, mit einer Dose beschwert. Seitwärts von ihm sieht man eine leere Flasche, eine leere Tasse und einen Teelöffel darauf, alles Dinge, die reden. Und was sie reden, erkennt man an den seitwärts stehenden beiden Damen, die uns den Rücken zukehren, während über den Männern sich scharf betont der Baum ausbreitet. Satte Liebe blickt nicht einmal nach dem neu erwachenden Begehren. Reisepläne? Wer weiß, wohin die Reise geht?

Tausend Dinge, die nur das Unbewußte weiß, füllen die Bilder der Maler an, wie und was sie wirken, weiß niemand. Nur in glücklichen erregten Momenten antwortet der Mensch dem Bilde in Empfindungen, deren Quelle er nicht kennt und deren Quelle ihm gerade im Augenblick der Erregung gleichgültig ist. Der Kunstliebhaber aber sucht — mit Recht, denn die Erkenntnis des Unbewußten würde ihn nur verwirren — andres als das geheimnisvolle Helldunkel unbewußter Malerei.

Von Millets Hand gibt es ein Bild, „L'Amour Vainqueur" genannt. Drei kleine Knaben — wieder die Dreizahl — zerren ein halbnacktes Mädchen, das nur wenig widerstrebend ihr Gewand über den Hüften festzuhalten sucht, vorwärts. Es wäre überflüssig, das Bild zu erwähnen, da seine ungewollte Symbolik offen zutage liegt. Aber es ist noch ein vierter Knabe da, der das Mädchen von hinten schiebt. Das ist etwas Neues: was hinter uns geschieht, ist

Vergangenheit. Es ist kaum anzunehmen, daß der Maler gewußt hat, was er mit diesem Zusatz darstellt, nämlich die Grundwahrheit, daß es niemals eine erste Begierde, eine erste Liebe gibt, sondern daß den Menschen neben der Hoffnung auf Lust auch die Erinnerung an früher genossene Lust entflammt und widerstandslos macht, neben der Zukunft auch die Vergangenheit. Mythus und Kunst kannten schon längst vor der Einführung der Psychoanalyse die seltsame Tatsache, daß all unser Lieben Wiederholung früheren Liebens der Kindheit ist, und daß es gerade die Nebenumstände sind, die wiederholt werden. Das ist der tiefste Grund, warum Liebesgötter als kleine Knaben dargestellt werden. Millet betont, wohl unbewußt, diesen Zusammenhang durch den schiebenden Knaben. — Über die Tatsache dieses Wiederholungszwangs läßt sich nicht streiten; aber es scheint wenig bekannt zu sein, wie tief Vergangenes organische Gegenwart beeinflußt. Mütter pflegen am Hochzeitstage der Tochter die Brautnacht in Gedanken mitzuerleben, ihr Miterleben wird aber nicht selten körperlich, sie bezeugen in solcher Nacht durch schmerzhafte Enge der Scheide und durch Blutung die neue Defloration, die sich an ihnen wiederholt. Weit mächtiger wirkt ein andres Ereignis im Leben der Tochter auf das Organische der Mutter ein, das ist die Entbindung der Tochter. Oft treten bei solcher Gelegenheit Kreuzschmerzen im Körper der Großmutter auf, ja deutliche Nachahmungen von Wehen, und auch da kommt es nicht selten zu Blutungen.

In der Neuen Pinakothek zu München hängt ein Menzelsches Bild mit dem auffallenden Namen „Beim Lampenlicht“ (Taf. 14). Die Bezeichnung fällt auf, weil die Hauptfigur des Bildes, ein junges Mädchen, nicht vom Lampenlicht beleuchtet ist, sondern von der brennenden Kerze in seiner Hand. Die Lampe erhellt den Innenraum des Zimmers und ihr Licht trifft die Gegenfigur des Mädchens, eine Frau, die klöppelt. Der, der den Namen des Bildes erfunden hat — wahrscheinlich ist es wohl Menzel selber gewesen —, muß wohl bewußt oder unbewußt gefühlt haben, daß man beim Betrachten des Gemäldes besser von der Lampe und dem, was sie beleuchtet, ausgeht. Lampe und Licht sind in Gegensatz gebracht, sie bedeuten etwas. Das Licht einer Lampe ist gebändigt, geordnet, die Kerze des Mädchens flackert; sie würde es nicht tun, wenn sie Zylinder und Schirm hätte. Was gemeint ist, erzählt der Amor, der zwischen Frau und Mädchen von der Decke herabhängt: die beiden Gestalten stehen unter der Herrschaft der Liebe. Aber während die Frau an der Lampe ruhig an der heimischen Arbeit sitzt — der Klöppel geht stetig durch die Maschen der Fäden, ein unverkennbares Sinnbild ehelichen Zusammenwirkens, das durch Lampenschirm und Zylinder, weiblich und männlich, noch betont wird —, also ihren Liebesverkehr durch die Ehe geregelt hat, steht das Mädchen an den Pfosten der weitgeöffneten Flügeltür, sehnsüchtig in erträumte Zukunft blickend. Sie hält die Kerze vor sich, erleuchtet sich das, was außerhalb des wohnlichen Zimmers in der Zukunft ist, und in Erwartung des Lichts, das ihr Liebesleben schenken wird, lehnt sie an dem starren Pfosten in der geöffneten Tür. Wer wüßte es nicht, daß das verlangende Weib die Türen der Zimmer offen stehen läßt?

Ich breche hier Meinungsäußerungen über das Problem der Liebe ab. Mir kam es darauf an, die Verschränkung der Symbolwelt mit der persönlichen Welt in grelles Licht zu stellen. Und zu demselben Zweck wage ich eine etymologische Vermutung auszusprechen, die vielleicht rasch vom Kritiker vernichtet werden kann.

Ich halte es nicht für ausgeschlossen, daß die lateinischen Wörter „vita = Leben" und „vivere = leben" zu der Wortgruppe vir = Mann und vis = Kraft gehören, und möchte dem auch gleich die griechischen Wörter bios (βιος) = Leben und beiomai (βειομαι) = leben, bia (βια) = Gewalt beifügen. Einen andern Beweis als den der Klangähnlichkeit und der Symbolverwandtschaft zwischen Leben und Liebe, des „Stirb und werde" habe ich nicht.

Dagegen muß ich noch einmal auf die Gleichung „Liebe und Tod" zurückgreifen. Kluge bringt das Wort Tod (engl. death, die = sterben, schwed. dö) in Zusammenhang mit dem air. Wort duine = Mensch, Sterblicher und mit dem lateinischen fumus = Leichenbegängnis, Bestattung. Auch Walde gibt diese Möglichkeit der Erklärung zu. Gerade die Bestattung ist aber — wenigstens für das moderne Denken — ein symbolischer Liebesakt, ein Schlafen im Schoß der Mutter Erde bis zur Wiedergeburt. Prellwitz scheint unbewußt denselben Erklärungsversuch zu machen, er führt das griechische Wort thanatos (*ϑανατος*) auf ai. dhvanayat = hüllte ein, an. dvina = schwinden und die Wurzel dhven = sich verhüllen zurück. Ich brauche nicht näher darauf einzugehen, daß Hülle, sich verhüllen Symbole des empfangenden Weiblichen sind.

Die weitest verbreitete idg. Wortwurzel für den Begriff „Sterben, Tod" ist mor, die im deutschen Mord erhalten ist (lat. mors = Tod, morior = sterben, mordeo = beißen, „ins Gras beißen"). In ihr gibt sich nochmals die Verwandtschaft von Tod und Liebe kund, da sie mit idg. mer-, merax = sterben, zerreiben zusammenhängt; lat. marco = welk, schlaff sein; nhd. „mürbe", „morsch" sind verwandt. Auch das lateinische Wort mortarium, nhd. Mörser, dessen Beziehung zum Geschlechtlichen ich früher besprochen habe, gehört hierher, ebenso morbus = Krankheit. Im Griechischen ist die Ableitung maraino (*μαϱαινω*) = aufreiben, marasmos (*μαϱασμος*) = verwelken und marnamai (*μαϱναμαι*) = kämpfen. Wichtig scheint mir in diesem Zusammenhang das griechische Wort stergio (*στεϱγιω*) = lieben zu sein. Über seine Abstammung habe ich nichts finden können, es erinnert aber im Klang so stark an sterben, daß ich es dem anreihe, zumal das ähnlich lautende stereos (*στεϱεος*) = starr diese Meinung stützt. Dann würde auch sterilis = unfruchtbar in denselben Bedeutungskreis treten (nhd. Stärke = junge Kuh). In dem Begriff Starrheit liegt beides: Liebesleben und Liebessterben (lebendige Erektion mit den Wörtern stark, schwed. stor = groß, ahd. stoeren = ragen, niedd. und schwed. stärt = Schwanz, andrerseits die noch dauernde Starre des Gliedes nach dem Samenerguß vor dem Welkwerden der Kraft, die unfruchtbare Starre, Todesstarre). — Wahrscheinlich gehören hierher lat. stercus = Kot, gr. sterganos (*στεϱγανος*) = Kot. Ob das französische merde = Scheiße zu dem vorhin erwähnten marieo = merax gehört, entzieht sich meiner Kenntnis.

In dem Zusammenhang Liebe-Tod, Stirb-Werde erwähne ich noch die Todeszahl Dreizehn. Man erzählt, daß die Pythagoreer die Eins als Zahl des Weibes und die Drei als die Vereinigung der

Weib-Eins und der Mann-Zwei auffaßten, dann ist in der Dreizehn das Zwischenglied der Zwei, der Mann gestorben. Unsrer eigenen Zeit liegt am nächsten, die Eins als Vater und die Drei als Symbol des Sohnes aufzufassen, dann ist die Zwei zwischen Eins und Drei der Schoß des Weibes, in den der sterbende Mann fruchtbringende Saat schüttet, die Dreizehn ist Todes- und Auferstehungssymbol, die Wahrheit des Stirb und Werde steht so inmitten der Fruchtbarkeit der Dreizehn. Zu demselben Schluß kommt man, wenn man die Eins als ruhendes Glied, die Zwei als erigiertes, die Drei als erschlafftes auffaßt. In der europäischen Kunst ist die Zahl Dreizehn vor allem in den Darstellungen des Abendmahls verwendet, und auf das Abendmahl ist wohl auch die besondere Angst vor der Dreizehn bei Tisch zurückzuführen. Bei diesem Abendmahl sind zwei Personen gegenwärtig, die dem Tode verfallen sind, Judas und Christus. Ursprünglich scheint das Unbewußte der Kunst die Idee bevorzugt zu haben, daß Judas sterben muß; wenigstens ist Judas in den meisten bedeutenden Gemälden bis zu dem Bilde des Leonardo getrennt von den andern Tischgenossen gemalt, er sitzt allein an der andern Seite des Tisches: nur das Todessymbol ist gegeben, die Bilder zeigen kein Bekenntnis zur Auferstehung, jede Hoffnung ist ausgeschlossen. Da ein jeder Tag uns lehrt, daß wir so wie alle Menschen die Judasnatur haben, daß das Verraten des Nächsten, des über alles geliebten und verehrten Nächsten unvermeidliche menschliche Eigenschaft ist, die in jedem Augenblick unsres Lebens unser Denken, Fühlen, Handeln mitbestimmt, tritt bei einem jeden in diesen oder jenen Augenblicken der schamvolle, verzweifelte Wunsch auf, diesen Judas in uns in Ewigkeit sterben zu lassen, so zu töten, daß er nie wieder lebendig wird. Weil Judas den Menschen repräsentiert, in jeder Faser uns eng verwandt ist, zieht er uns an, genau so wie der Verbrecher, der Böse uns tiefer packt als der Gute, der Knecht des Gesetzes; denn wir sind alle Verbrecher, haben in uns die Möglichkeit, ja die Gier nach dem Leidenlassen des Nächsten. So ist denn die Isolierung des Judas auf den Abendmahlsbildern eine Folge der Zwienatur von Gut und Böse im Menschen und ein Versuch, dieser Zwienatur zugunsten dessen, was jeweilig gut genannt wird, wenigstens im Symbol sich zu entziehen. Es hilft allerdings nicht das geringste, aber es ist nun einmal so, daß der Mensch eine Eins sein will, wollen muß, und daß er sich seine Tages- und Nacht-Natur wegzuphantasieren sucht, wegzudenken, wegzuhandeln.

In dem berühmtesten aller Abendmahlsbilder, in dem des Leonardo, ist Christus selbst der Todgeweihte, der Dreizehnte; wenn er das Prinzip des Guten ist, so prägt sich in dem Bilde, das noch jetzt, wo fast nichts mehr davon übrig ist, als ein Gipfel der Malerei gilt, der frevelhafte, aber jedem, der ehrlich mit sich selbst ist, wohlbekannte Wunsch aus, von Gewissensregungen frei zu werden, das Gute in uns zum Sterben zu bringen. Der Mut, die finsteren Tiefen des menschlichen Herzens darzustellen und zu bekennen, würde zu einem Teil die unvergleichliche Wirkung dieses Bildes auf Mit- und Nachwelt erklären. Unwillkürlich drängt sich dem Verfasser die Annahme auf, daß hier die Hauptursache zu finden ist, die den Künstler an der Vollendung des Bildes hinderte; man könnte es begreifen, daß Leonardo vor der Enthüllung des Mysteriums nicht bloß des christlichen Wesens, sondern alles Menschlichen zurückwich; ja man könnte fast annehmen, daß die Zerstörung des Bildes folgerichtig vom Unbewußten der Menschen erzwungen wurde: das schmachvolle Geheimnis vom Neid und Haß des Menschlichen gegen das Göttliche wird in diesem Bilde mit fast übermenschlicher Ironie enthüllt. „Wer töricht gnug sein volles Herz nicht wahrte, hat man von je gekreuzigt und verbrannt", gilt nicht nur von der Gesinnung, die der Mensch seinem Nachbar gegenüber hat, es gilt auch unserm Verhalten gegen uns selbst: wir müssen unser volles Herz uns selber gegenüber wahren, dürfen nur bis zu einer bestimmten, engen Schranke unser Wesen uns selbst offenbaren. Wer diese Grenze überschreiten will, wird in sich den Christus lebendig erschauen, und diesen Christus, sich selbst, das Göttliche, wird er alsbald verleugnen und kreuzigen. Dem Menschen taugt einzig Tag und Nacht, der Irrtum; das Licht ist Gottes. In eindringlicher Weise, vielleicht mit vollem Bewußtsein, hat Leonardo dadurch, daß er statt des Judas den Christus als Dreizehnten malte, in dem Urphänomen des Sterbens zugleich das des Werdens gegeben, die zwölf Jünger sind alle in Gruppen zu dreien zusammengefügt, zwölf ist viermal drei, drei ist der Mann, vier ist das Weib, viermal drei ist die Vereinigung und dreizehn der Tod und die Auferstehung, die Wiedergeburt, das Kind, die Ewigkeit. Daß der Kopf des Christus nie gemalt wurde, ist unbewußtes Symbol des Werdens, es liegt Zukunft im Unvollendeten. Das Sterben ist kein Ende, sondern Bedingung des Werdens. Stirb und werde! Man steht bei diesem Bilde, dessen Maler gewiß zu den menschlichsten Menschen zählte, wieder vor der Tatsache, daß der Wirklichkeitssinn des Unbewußten genau fühlte, man kann und darf das Gesicht des Christus nicht darstellen. Des Menschen Sohn ist Symbol und läßt sich als Individuum nicht malen. Christus hat kein Gesicht, es ist ein Irrtum, ihn zu malen. Den Juden ist nicht erlaubt, den Namen des Menschheitssymbols auszusprechen, und Faust sagt: „Wer darf ihn nennen und wer bekennen: ich glaub' ihn?"

Fast zur selben Zeit, als Leonardo sein Abendmahl schuf, entstand ein andres Werk aus der Tiefe des Unbewußten, das noch in voller Schönheit erhalten ist, die Pieta des Michelangelo. Es ist ein seltsames Bildwerk, seltsam, weil wohl niemand, der nicht die Zusammenhänge kennt, auf den Gedanken kommt, daß die junge schöne Frau Mutter des toten Mannes ist, der auf ihrem Schoß ruht. War es Schönheitsdurst, daß der Künstler die Mutter so darstellte? Es könnte auch anders bedingt sein. Aber um das begreiflich zu machen, muß der Verfasser erst den Standpunkt festlegen, von dem sich das Bildwerk in seiner Weise betrachten läßt.

Wenn man das Kreuz ansieht, mag es Leben gewinnen, dann ist es ein Mensch mit zur Umarmung ausgebreiteten Armen. An diesen liebesbereiten Menschen wird ein andrer, auch mit ausgebreiteten Armen, angeheftet; auch er ist liebesbereit. Aber weder das Kreuz kann umarmen — denn es ist fühlloses Holz — noch der Mensch, der daran hängt — denn er ist festgenagelt. Und er wendet dem Kreuz den Rücken zu. Das einzige, was geschehen kann, ist, daß der Mann stirbt. Nach seiner Auferstehung kann er die ganze Welt umarmend erlösen, das Kreuz fesselt ihn nicht mehr, nur die Wundmale, die bleiben. Das Kreuz dagegen verharrt in dem Zustand der Bereitwilligkeit und der Unfähigkeit, zu umarmen, fühllos, leblos, unwahr; es war schon tot, ehe Christus daran starb, Christus, des Menschen Sohn. Was ist das Kreuz, durch das er, allzu eng daran genagelt, sterben muß, damit die Menschheit erlöst wird? Das Kreuz kann nur die Mutter sein. Im Deutschen nennen wir den Knochen, in den der Schmerz der Geburtswehen verlegt wird, das Kreuz; die Lateiner nannten ihn, längst ehe es Christen gab, os sacrum, den heiligen Knochen. Das Kreuz ist die Mutter, die den Sohn umarmen würde, wenn sie nicht Holz wäre, und an deren fühlloser Liebesgebärde der lebendige Sohn in Liebe angenagelt ist, damit er an dieser Liebe hinstirbt zur Auferstehung. So könnte es sein: des Menschen Sohn wird Erlöser, wenn er an dem Kreuze stirbt und wenn er nach der Kreuzabnahme in den Schoß der Erde gelegt wird zur Auferstehung.

Vielleicht bedrängten Michelangelos dunkelste Seele ähnliche Gefühle, als er den toten Körper des Gekreuzigten einem jungen Weibe auf die Knie legte. Diese Frau ist nicht traurig, sie ist resigniert: ihre Handbewegung sagt das.

Resignieren ist wieder und wieder unterzeichnen, mit seinem Signum versehen, daß man Mensch ist und nichts außerhalb des Menschlichen kennt, daß für uns nichts ist außer der Dreieinheit Mann-Weib-Kind.

Das Wort signum geht auf das Grundwort secare = schneiden zurück, geradeso wie das Wort sexus. Gäbe es wohl ein besseres Zeichen (signum) des Menschlichen als sein Schicksal, zugleich individuum und sexus zu sein, ein unteilbares Ganzes und ein Segment des ganzen Kreises der Welt? Das ist sein Schicksal, und dieses Schicksal mit freudiger Wehmut zu bejahen ist Menschenpflicht und Menschenstärke.

Bitte umblättern:

Georg Groddeck

Dr. med. Georg Groddeck (1866–1934) war im wissenschafts- und fortschrittsgläubigen ausgehenden 19. Jahrhundert groß geworden. Das hinderte ihn freilich nicht, auf empirisch-intuitive Weise ärztlich tätig zu sein, spezifische Therapien wie die damals aufkommende Serum- und Chemotherapie zu verachten und seine Patienten in seiner weithin bekannten Privatklinik in Baden-Baden mit Diät, Massage, balneologischen (bäderkundlichen) Methoden und bald auch psychoanalytisch zu behandeln. Nach seiner entscheidenden Begegnung mit Sigmund Freud wurde er kein orthodoxer Analytiker, dafür aber als einer der Väter der psychosomatischen Medizin des 20. Jahrhunderts wegweisend in der Anwendung psychoanalytischer Methoden bei organischen Krankheiten.

Krankheit als Symbol
Schriften zur Psychosomatik
Band 6396

Der Mensch als Symbol
Band 4620

Die Natur heilt
Die Entdeckung der Psychosomatik
Band 6776

Verdrängen und heilen
Aufsätze zur Psychoanalyse
und zur psychosomatischen Medizin
Band 6791

Sándor Ferenczi / Georg Groddeck
Briefwechsel 1921–1933
Band 6786

Georg Groddeck / Sigmund Freud
Briefe über das Es
Band 6790

Geist und Psyche
Begründet von Nina Kindler 1964

Psychoanalyse

Hilda Abraham
Karl Abraham
Band 42213

Raymond Battegay
Psychoanalytische Neurosenlehre
Band 42279

J. Cremerius / Sven O. Hoffmann / W. Trimborn
Psychoanalyse, Über-Ich und soziale Schicht
Band 42206

Kurt R. Eissler
Todestrieb, Ambivalenz, Narzißmus
Band 42208

Sándor Ferenczi
Zur Erkenntnis des Unbewußten
und andere Schriften zur Psychoanalyse
Band 42194

Anna Freud
Das Ich und die Abwehrmechanismen
Band 42001
Einführung in die Technik der Kinderanalyse
Band 42111

André Haynal
Die Technik-Debatte in der Psychoanalyse
Freud, Ferenczi, Balint
Band 42311

Werner W. Kemper
Der Traum und seine Be-Deutung
Band 42184

Melanie Klein
Ein Kind entwickelt sich
Band 42222
Die Psychoanalyse des Kindes
Band 42291

Thomas Köhler
Abwege der Psychoanalyse-Kritik
Band 42318

Fischer Taschenbuch Verlag

fi 350 / 5 a

Kinderpsychologie

Gordon W. Allport
Werden der Persönlichkeit
Band 42127

Bruno Bettelheim
Die Geburt des Selbst
Band 42247

Gerd Biermann (Hg.)
Handbuch der Kinderpsychotherapie
Band 42299

John Bowlby
Trennung
Band 42171
Bindung
Band 42210
Verlust
Band 42243

Urie Bronfenbrenner
Die Ökologie der menschlichen Entwicklung
Band 42312

Dorothy Burlingham
Labyrinth Kindheit
Band 42256

Anna Freud
Einführung in die Technik der Kinderanalyse
Band 42111

Herbert Goetze / Wolfgang Jaede
Nicht-direktive Spieltherapie
Band 42262

Hans Gustav Graber
Pränatale Psychologie
Band 42123

Klaus E. Grossmann (Hg.)
Entwicklung der Lernfähigkeit in der sozialen Umwelt
Band 42177

David Kadinsky
Die Entwicklung des Ich beim Kinde
Band 42242

Fischer Taschenbuch Verlag

fi 347 / 6a

Geist und Psyche

Begründet von Nina Kindler 1964

Kinderpsychologie

Melanie Klein
Frühstadien des Ödipuskomplexes
Band 42268

Ein Kind entwickelt sich
Band 42222

Die Psychoanalyse des Kindes
Band 42291

Pierre Mâle
Psychotherapie bei Jugendlichen
Band 42248

Willi Meyer / Gertrud Wydler
Anja
Band 42283

Peter Orban
Menschwerdung
Band 42282

Carl R. Rogers
Lernen in Freiheit
Band 42307

Alexander Stachiw / Georg Spiel
Entwicklung der Aggression bei Kindern
Band 42169

Daniel Widlöcher
Was eine Kinderzeichnung verrät
Band 42254

D. W. Winnicott
Von der Kinderheilkunde zur Psychoanalyse
Band 42249

Reifungsprozesse und fördernde Umwelt
Band 42255

Familie und individuelle Entwicklung
Band 42261

Fischer Taschenbuch Verlag

fi 347 / 7 b

Geist und Psyche
Begründet von Nina Kindler 1964

Psychologische Ratgeber

Gordon W. Allport
Werden der Persönlichkeit
Band 42127

Raymond Battegay
Psychoanalytische Neurosenlehre
Band 42279

Hellmuth Benesch (Hg.) u.a.
Psychologie-Lesebuch
Band 42310

Gerd Biermann (Hg.)
Handbuch der Kinderpsychotherapie
Band 42299

Robert Bossard
Traumpsychologie
Band 42301

Leon Chertok
Hypnose
Band 42102

Maurice Dongier
Neurosen
Band 42241

Hans Driesch
Parapsychologie
Band 42030

John Eccles / Hans Zeier
Gehirn und Geist
Band 42225

Lili Fleck
Weiblicher Orgasmus
Band 42170

Viktor E. Frankl
Ärztliche Seelsorge
Band 42157

Anna Freud
Einführung in die Technik der Kinderanalyse
Band 42111

Fischer Taschenbuch Verlag

fi 356 / 4 a

Geist und Psyche
Begründet von Nina Kindler 1964

Psychologische Ratgeber

Gesellschaft für wissenschaftliche Gesprächstherapie
Die klientenzentrierte Gesprächspsychotherapie
Band 42149

Herbert Goetze / Wolfgang Jaede
Nicht direktive Spieltherapie
Band 42262

Gustav Hans Graber
Pränatale Psychologie
Band 42123

Martin Grotjahn
Kunst und Technik in der Analytischen Gruppentherapie
Band 42270

Annelise Heigl-Evers / Franz Heigl
Gelten und Geltenlassen in der Ehe
Band 42128

Lieben und Geliebtwerden in der Ehe
Band 42118

Robert Heiss
Allgemeine Tiefenpsychologie
Band 42088

Werner W. Kemper
Der Traum und seine Be-Deutung
Band 42184

Christa Kniffki
Transzendentale Meditation und autogenes Training
Band 42197

Fischer Taschenbuch Verlag

fi 356 / 6 b

Geist und Psyche
Begründet von Nina Kindler 1964

Psychologische Ratgeber

Aloys Leber /
Hans-Georg Trescher /
Elise Weiss-Zimmer
Krisen im Kindergarten
Psychoanalytische Beratung in pädagogischen Institutionen
Band 42315

Humberto Nagera (Hg.)
Psychoanalytische Grundbegriffe
Band 42288

Ann F. Neel
Handbuch der psychologischen Theorien
Band 42251

Erving und Miriam Polster
Gestalttherapie
Band 42150

Hans G. Preuss
Ehepaartherapie
Band 42277

Carl R. Rogers
Encounter-Gruppen
Band 42260

Therapeut und Klient
Band 42250

Partnerschule
Band 42236

Walter J. Schraml
Das psychodiagnostische Gespräch
Band 42305

Harold Stern
Die Couch
Band 42308

Daniel Widlöcher
Was eine Kinderzeichnung verrät
Band 42254

Fischer Taschenbuch Verlag

fi 356/2c

Geist und Psyche

Begründet von Nina Kindler 1964

Neuere Psychotherapien

Gaetano Benedetti
Der psychisch Leidende und seine Welt
Band 42139

Eric Berne
Was sagen Sie, nachdem Sie »Guten Tag« gesagt haben?
Band 42192
Struktur und Dynamik von Organisationen und Gruppen
Band 42201

Bruno Bettelheim
Aufstand gegen die Masse
Band 42217
Die Geburt des Selbst
Band 42247

Medard Boss
Sinn und Gehalt der sexuellen Perversionen
Band 42080

Hilde Bruch
Grundzüge der Psychotherapie
Band 42295

Gion Condrau
Einführung in die Psychotherapie
Band 42115

Gesellschaft für wissenschaftliche Gesprächstherapie
Die klientenzentrierte Gesprächspsychotherapie
Band 42149

Herbert Goetze/Wolfgang Jaede
Nicht direktive Spieltherapie
Band 42262

Martin Grotjahn
Kunst und Technik in der Analytischen Gruppentherapie
Band 42270

Institutsgruppe Psychologie der Universität Salzburg (Hg.)
Jenseits der Couch
Band 42264

Abraham A. Maslow
Psychologie des Seins
Band 42195

Gertrud Orff
Die Orff-Musik-Therapie
Band 42193

O. G. Wittgenstein
Märchen, Träume, Schicksale
Band 42300
sagen – hören – sehen Von den Entbindungen des Bewußtseins
Band 42257

Fischer Taschenbuch Verlag

fi 362 / 6

Geist und Psyche
Begründet von Nina Kindler 1964

Große Psychologen

Eric Berne
Was sagen Sie, nachdem Sie »Guten Tag« gesagt haben?
Band 42192
Struktur und Dynamik von Organisationen und Gruppen
Band 42201

Bruno Bettelheim
Aufstand gegen die Masse
Band 42217
Die Geburt des Selbst
Band 42247

Anna Freud
Das Ich und die Abwehrmechanismen
Band 42001
Einführung in die Technik der Kinderanalyse
Band 42111

Georg Groddeck
Der Mensch als Symbol
Band 42174

Karen Horney
Neurose und menschliches Wachstum
Band 42143
Unsere inneren Konflikte
Band 42104
Neue Wege in der Psychoanalyse
Band 42090
Der neurotische Mensch unserer Zeit
Band 42002
Die Psychologie der Frau
Band 42246

C. G. Jung
Welt der Psyche
Band 42010

Melanie Klein
Frühstadien des Ödipuskomplexes
Band 42268
Ein Kind entwickelt sich
Band 42222

Geist und Psyche
Begründet von Nina Kindler 1964

Große Psychologen

Melanie Klein
Die Psychoanalyse des Kindes
Band 42291

Fritz Morgenthaler
Homosexualität, Heterosexualität, Perversion
Band 42285

Fritz Morgenthaler, Florence Weiss, Marco Morgenthaler
Gespräche am sterbenden Fluß
Band 42267

Erich Neumann
Tiefenpsychologie und neue Ethik
Band 42005
Ursprungsgeschichte des Bewußtseins
Band 42042
Zur Psychologie des Weiblichen
Band 42051

Paul Parin, Fritz Morgenthaler, Goldy Parin-Matthey
Die Weißen denken zuviel
Band 42079

Carl R. Rogers
Encounter-Gruppen
Band 42260
Die klientenzentrierte Gesprächspsychotherapie
Band 42175
Die Kraft des Guten
Band 42271
Die nicht-direktive Beratung
Band 42176
Partnerschule
Band 42236
Therapeut und Klient
Band 42250

D. W. Winnicott
Von der Kinderheilkunde zur Psychoanalyse
Band 42249
Reifungsprozesse und fördernde Umwelt
Band 42255
Familie und individuelle Entwicklung
Band 42261

Fischer Taschenbuch Verlag

fi 510 / 3 b